経営を教える会社の経営

理想的な企業システムの実現

グロービス 著
内田圭亮 執筆

東洋経済新報社

●まえがき

本書をお取り頂いた皆さんは、グロービスという名を聞いたことがあるでしょうか？グロービスをご存知の方の中には、書籍を通じてその名を見かけられたことがある方もいらっしゃれば、経営大学院としてその名を聞かれたことがある方もおられるかもしれません。他にも、皆さんの会社内で行われている研修においてグロービスの講師に教わった方もいらっしゃれば、ベンチャーキャピタルとしてその名を聞かれたことがある方もいらっしゃるでしょう。また、最近ではYouTube動画やアプリでグロービスが提供する学習サービスに触れたことがある、という方もいらっしゃることでしょう。

このように、グロービスに対して抱くイメージは、人によって相当な拡がりがあるかと思います。これは、グロービスが提供しているサービスが多様な拡がりを見せているためと思いますが、過去にグロービスと関わりを持って頂いた方であっても、現在のグロービスの全体像を把握されていらっしゃる方は決して多くはないのではないかと思います。

グロービスは、『経営に関するヒト・カネ・チエの生態系を創り、社会の創造と変革を行う。』というビジョンを掲げ、複数のサービスを展開している事業体です。ヒトに関する事業、カネに関する事業、そしてチエに関する事業、という形でこのビジョンに基づいて様々な事業を展開してきています。

グロービスでは、一人でも多くの方が自己実現を果たせるように、そして各社・各組織がより良い経営を実現できるように、経営知を積極的に発信し、実践的な経営教育を提供して参りました。グロービスが提供するこれらのすべてのサービスに共通しているのが〝経営〟という二文字です。

経営とは、様々な要素が複雑に絡み合って成り立つものです。それゆえ、良い経営をしようとするならば、まずはその構成要素を押さえることが必要です。経営戦略、マーケティング、アカウンティング、ファイナンス、人事・組織、オペレーション、リーダーシップ、テクノロジー等、経営に必要な領域は多岐にわたります。グロービスは、これら一つひとつの領域に対して、経営大学院や企業研修の場以外においても、多くの書籍やWebサービスを通じて沢山の知を発信してきました。

そうした中で、グロービスの法人クライアント（お客様企業）や、経営大学院に通っている社会人学生の方から「経営を教えているグロービス自身は、どのような経営を行っているのか？」という質問を頂く機会が増えてきました。

こうした質問を頂くようになった背景として、いくつかの要因が考えられます。まず一つには、グロービスは２０２２年に創業30周年を迎えたのですが、お陰様でこの30年間ずっと成長し続けることができました。その結果として、経営大学院、企業内人材育成事業、ハンズオン型のベンチャーキャピタル事業のいずれにおいても、業界をリードしています。つまり、日本一の事業を複数持つ会社になることができたのです。

２０２０年から始まったコロナ禍では、世の中が全体的に機能不全に陥り多くの企業が業績低迷を余儀なくされましたが、その中であってもグロービスの経営は揺らぐこと無く、過去最高の業績を更新し続けることができました。また、グロービスは、単に業績が順調なだけでなく、次から次へと新たなサービスを打ち出し、サービスを展開するエリアも世界中に拡がりを見せ続けていることも、関心をお持ち頂けている要因になっているのではないかと感じています。

他にも、外部機関による調査において10年連続で「働きがいのある会社ベストカンパニー」に選出頂きました。それ程に社員のエンゲージメントが高く、皆が好きな仕事に打ち込み、とても充実した状態で仕事を楽しんでくれている、という良好な組織状態も影響していると考えます。

グロービスは、経営理念に「理想的な企業システムを実現する」ことを掲げています。この理念に基づき、これまでの常識や世の中の前例に縛られることなく、〝理想的な企業システム〟と言えるためには、どのような経営を行うべきか、どのような制度・仕組みをつくるべきか、ということに、ひたすら真っすぐに向き合い続ける経営をしてきています。

グロービスの経営にご関心をお持ち頂いたお客様に、グロービスが取り組んでいる施策や制度の一端をお伝えすると「とてもユニークで興味深い」と驚かれたり、「非常に参考になる」と喜んで頂いたりします。また、グロービスの組織のあり様をお伝えしたお客様からは「そんな組織が創れたら本当に素晴らしいことですね！」と仰って頂けたり、「どうしたら、そのような組織が創れるのですか？」と関心を持って頂いたりもします。

改めてこれまでにグロービスが社会に発信してきた内容を思い起こしますと、他社分析を通じて導き出した経営理論や、世の中の良い経営を体現できている事例とそこから抽出した重要なエッセンスに関する内容は、数え切れない程にありました。ただ、グロービスの経営自体を、体系的に世の中に発信することはこれまでしてきていませんでした。

私はグロービスの経営管理全般の責任者として、グロービスに新たに入社された方に対してインタビューを行っていますが、その中で「グロービスに入社前に抱いていたイメージと、実際に入社して感じたこととのギャップはありますか？」という質問をしています。それに対する回答内容は「もっと堅い会社だと思っていたので、良い意味でギャップがありました」「こんなにもフランクで自由な雰囲気だとは思っていませんでした」というものが約9割を占めていたのです。私はこの経験から、グロービス自体の経営や組織の実態を、社外に伝えることはほとんど行ってこなかったことに改めて気づかされました。

昨今の日本国内においては、人的資本経営の重要性が叫ばれるようになりました。各社がその人的資本経営を取り入れることを意識し始めているものの、その実現に向けた具体的な落とし込みにあたっては難儀をしているのが実情です。

それに対して、グロービスは、人的資本経営という言葉が出てくるよりもずっと前から、人的資本経営にて謳われている本質的な要素を自然体で実現してきた企業だと私は感じています。そんなグロービスの経営を、人的資本経営が求められている今の時代だからこそ、多くの企業の皆様に知って頂くことはとても意義があることなのではないかと考えるに至ったのです。これが、私が本書を執筆するに至った背景となります。

それゆえ、経営に必要な仕組みは数多《あまた》ありますが、本書は、人的資本経営時代にコアとなる人事や組織的側面に焦点を当てた内容としています。

私自身は、新卒で世界最大の経営コンサルティングファームに入社し、コンサルタントとして社会人生活をスタートさせたことから、若輩でありながらもいくつかの日本を代表する大企業の経営や組織に触れる機会を頂きました。その後、創業して間もないベンチャー企業に転職した時期には、ベンチャー企業の経営を成り立たせていくことの難しさや中小企業ならではの生々しい経営の実態に直接携わることができました。そしてグロービスに入社してからは、12年間にわたる法人向けの人材育成・組織開発のコンサルティングワークの中で、約１００社の多岐にわたる業界各社の経営課題や人材・組織課題に向き合ってきました。これらの経験を通じて、私は、世の中の多くの企業の実像に迫ることができたと感じています。

直近4年間は、私はグロービスの経営管理本部（人事、総務、法務、経理、財務、情報システムといったコーポレート機能を統括する本部）の責任者として、グロービス自体をどこよりも「理想的な企業システム」を実現する組織にすべく、ひたすらに理想を追い求め続けてきました。理想というものは、追い求めれば求める程に更なる高みを目指したくなるものでもあります。それゆえ、理想を追求することは、終わりのない永久運動論のようなものであると感じています。ただ、これまでに沢山の企業の実態に触れてきた自分だからこそ、グロービスの経営のユニークさを、理想を体現する経営のあり方の1つとして、読者の皆さんにお届けできるのではないかと考えました。

私は今のグロービスの経営があらゆる人・組織にとって理想的であると言うつもりはありません。しかしながら、業界を問わず大小様々な企業を見てきた自分だからこそ、グロービスは限りなく理想に近い経営を行い、理想的な組織づくりができている企業だと感じています。

一方で、色々な方々と話をする中で、理想を追いかけることを半ば諦めてしまっている人が多い世の中であるとも感じています。しかし、だからこそ本書を通じて、崇高な理想を宣言し、愚直にその理念を実現させるべく日々邁進するグロービスの経営を多くの方に知って頂くことが有用なのではないかと考えております。そして、その結果、1社でも多くの組織がそれぞれの企業を追求し、関わる人々すべての幸福を実現できる組織になって頂きたいと心から願っております。

本書は、以下のような構成を取っています。

まず、PROLOGUEは「社会の創造と変革を行うグロービス」として、グロービスの成り立ちから始まり、グロービスが掲げるビジョンや経営理念、そしてそれらに基づく事業内容を紹介します。本章はグロービスの全体像を把握して頂くことを意図した章になりますので、グロービスのことをご存知でなかった方はもちろん、その一部しかご存知でない読者の方も、ＣＨＡＰＴＥＲ　１以降を読み進める大前提として一読頂ければと思います。グロービスの事業の全体像をご存知の方は、ＰＲＯＬＯＧＵＥを飛ばして頂いて構いません。

ＣＨＡＰＴＥＲ　１は、グロービスの経営における特長的な点や組織のあり方としてユニークな点を紹介しています。この章は、ＣＨＡＰＴＥＲ　２以降に記述している個々の仕組み・制度の大前提として、グロービスがどのような組織を創ろうと経営をしているのかを理解して頂くにあたり重要な位置づけとなっています。それゆえ、ＣＨＡＰＴＥＲ　２以降を読む前に先んじて目を通して頂きたいと思います。

ＣＨＡＰＴＥＲ　２は、ＣＨＡＰＴＥＲ　１に記述したグロービスのユニークな経営や組織のあり方を実現する上で根幹となっている組織設計に関する基本指針と組織管理に関する基本的な考え方を纏《まと》めています。これらは、グロービスにおける人事・組織に向き合う基本指針としてのＨＲポリシーにおける中核的位置づけをなしています。ＣＨＡＰＴＥＲ

3以降の一つひとつの具体的な人事制度の前提になっている箇所であるため、CHAPTER 1に続けて読み進めてください。

CHAPTER 3からCHAPTER 8は、グロービスにおける具体的な人事制度・仕組みを、それぞれの機能別に分けて記述していますので、皆さんの関心に合わせて好きな順に読んで頂いて構いません。CHAPTER 3は採用、CHAPTER 4は人材配置・キャリア開発、CHAPTER 5は育成・能力開発、CHAPTER 6は評価、CHAPTER 7は処遇・報酬、CHAPTER 8は組織文化醸成について、グロービスのそれぞれの制度・仕組みを具体的に紹介しています。

CHAPTER 9は、本書の主テーマである「理想的な企業システムの実現」に向けて、大きな視点で纏めています。CHAPTER 3からCHAPTER 8までに触れられなかった視点について、理想を追求する考え方を中心に据えています。それゆえ、本章はCHAPTER 8までを読み終えた総まとめとして読んで頂く形でも良いですし、逆に、本書で述べる全体主旨を理解するために先に読んで頂いても構いません。

そしてEPILOGUEでは、グロービスの経営との関連を持たせつつも、私個人の想いを中心とした形で、今後より一層求められるであろうと考える「幸福経営」の実現に向けて必要と考える点に触れました。皆さんも、是非、今後の時代が求める経営のあり方に想いを馳せながら、自社の経営に引き寄せて考えて頂ければと思います。

本書を通して、グロービスという「経営を教える会社の経営」のエッセンスに迫ることを通じて、人的資本経営の実現に向けた本質的な議論が巻き起こり、あらゆる組織が「理想的な組織」を追い求めることに繋げて頂ければ、この上ない喜びです。

経営を教える会社の経営――理想的な企業システムの実現　目次

CONTENTS

CHAPTER 5

育成・能力開発

CHAPTER 6

評価

CHAPTER 7 処遇・報酬

CHAPTER 9

理想的な企業システムの実現

EPILOGUE

幸福経営の実現に向けて

PROLOGUE

社会の創造と変革を行うグロービス

本章では、グロービスをよくご存知ないという読者のために、グロービスの全体像を記載しています。

最初に、グロービスの成り立ちから始まり、私達がどのような事業に取り組んでいるのかを説明していきます。グロービスは世界に類を見ない非常にユニークな事業ポートフォリオを組んでいますので、その全容をお伝えします。

また、グロービスが大切にしている経営理念についても詳述していますので、私達がどのような想いでグロービスの経営を行っているかについて理解して頂ければ幸いです。

SECTION 1

グロービスの成り立ち

●創業者の想いと社名の由来

グロービスは、住友商事出身で、ハーバード・ビジネス・スクール（以下、ＨＢＳ）でＭＢＡを取得した現経営者の堀義人が創業した会社です。グロービスは、１９９２年に三軒茶屋のアパートの一室で堀がたった一人で始めました。当時は、お金もなく信用もない中で、堀にあったのは「可能性を信じる」という想いと、ＨＢＳ在学中に描いた「ヒト・カネ・チエの生態系を創り、社会の創造と変革を行う」というビジョンのみでした。社名は、〝Global〟と〝Business〟とを掛け合わせ、音の響きも意識して「ＧＬＯＢＩＳ」としました。

SECTION 2

グロービスのビジョン

●創業者の想いを具現化したビジョン

まずグロービスが掲げるビジョンに触れておきます。

・グロービス・ビジョン

グロービスは、経営に関するヒト・カネ・チエの生態系を創り、社会の創造と変革を行う

このビジョンは、グロービス創業者の堀が、27歳の時に留学先のＨＢＳの芝生の上で描いたものです。

当時、堀は多くの起業家の話を聞いて「〝可能性を信じる〟ことの大切さを学んだ」と言います。１９８０年代後半というのは、日本経済が絶好調で「ジャパン・アズ・ナンバーワン」ともてはやされていた時代でしたが、渡米していた堀の目には、どうも違うことが見えてきたそうです。日本の強みは自動車や電気機器などに代表される資本集約型産業にありましたが、当時

図表1●グロービスのビジョン

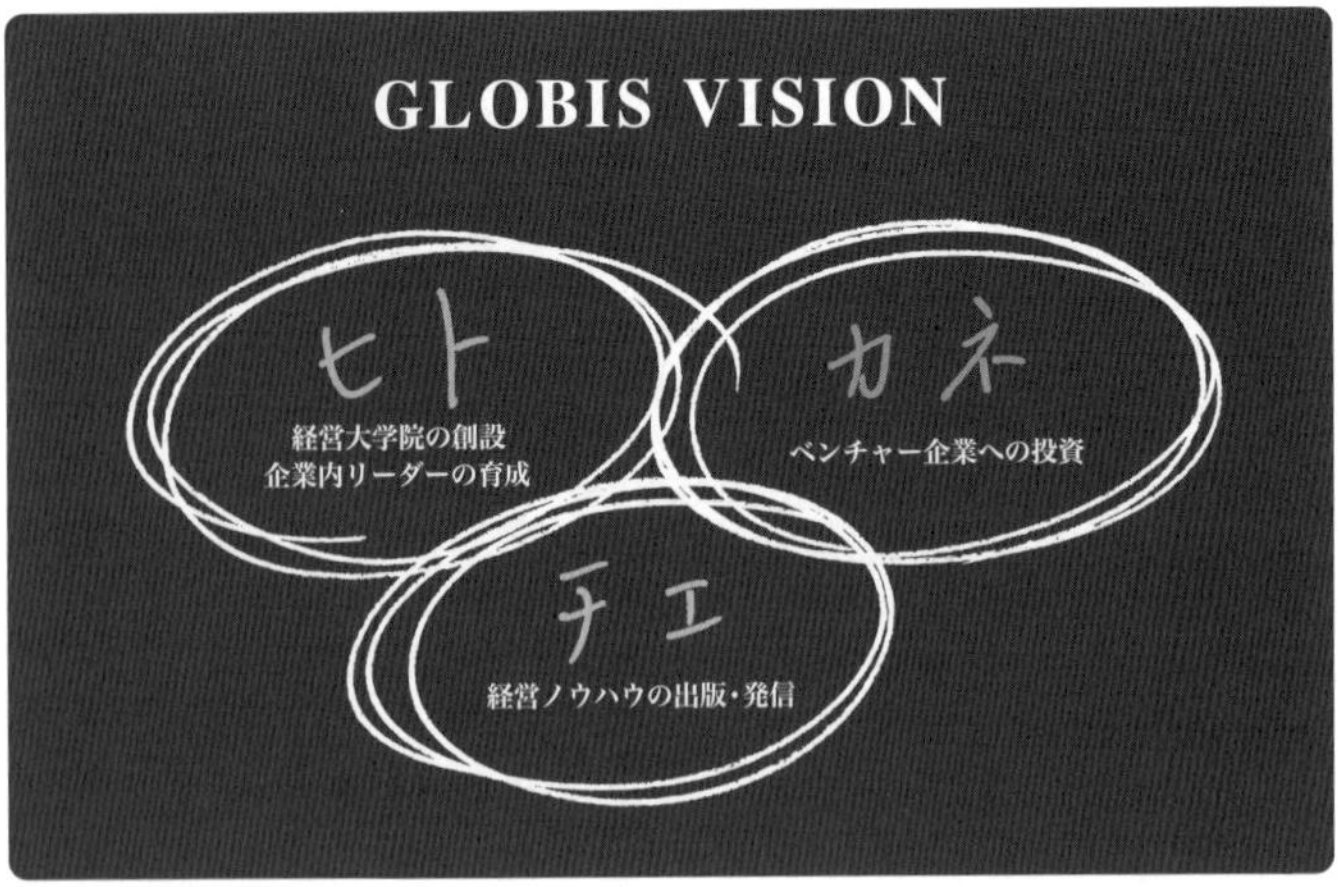

のアメリカはＩＴに代表される知識集約型へと産業基盤が移行していました。さらには、アメリカでは、資金の提供者として銀行だけでなくベンチャーキャピタルがあり、ビジネス教育も盛んでした。日本もいずれは同じような方向に変わっていくと直感した堀が、思い描いたのがこのビジョンでした。

より良い社会の実現のため、「社会の創造と変革」を行うために必要不可欠な三要素として堀が導き出したのが「ヒト」「カネ」「チエ」だったということです。

●経営に関するヒト・カネ・チエの生態系を創り、社会の創造と変革を行う

まず、社会に新たな価値を創造するにしても、既にあるものを変革するにしても、不可欠となるのが「ヒト」です。「社会をより良くしていきたい！」という志を持った「ヒト」が創造と変革の起点となります。世の中のあらゆる事業・サービスを生み出す「ヒト」の重要性は、いくら語っても語り過ぎることはないでしょう。

ただ、どんなに熱い想いを持ったリーダーがいたとしても、それだけで事を成せるとは限りません。それは、事業に必要な人材を集めるにも、製品やサービスを生み出すために必要な投資を行うにあたっても「カネ」が必要になるためです。特に、まだ実績や信用がなく銀行から資金調達ができないベンチャー企業にとっては「カネ」は死活問題となる程

に重要です。逆に言えば、この「ヒト」と「カネ」があれば多くのことができるようにはなるでしょう。

ただ、良い経営を行う上では、それだけではまだ十分とは言えません。なぜならば、社会に未だ無いものを創造したり、既にあるものを変革したりするにあたっては、多くの困難が伴うためです。その困難を乗り越え、世の中に新たな価値を生み出すためには、良き「チエ」が必要となります。

経営には押さえるべき定石と呼ばれるものがあります。その経営の定石を知らずして無手勝流に事業を展開してうまくいく程、経営とは甘いものではありません。先人の経営者が行ってきた数々の成功や失敗を通じて導き出された「チエ」を予め押さえておけるかどうかで、その事業を成功させられるかどうかの確率は大きく異なってきます。

さらには、昨今の経営環境は「ＶＵＣＡの時代」であると言われます。ＶＵＣＡとは、Volatility（変動性）・Uncertainty（不確実性）・Complexity（複雑性）・Ambiguity（曖昧性）の頭文字を取った言葉です。このＶＵＣＡな経営環境においては、過去に獲得した「チエ」が陳腐化し使えなくなってしまうサイクルも早まります。そう考えると、「チエ」というものは一度身につければよいものではなく、常にアップデートし続ける必要があるものだと言えるでしょう。つまり、今を生き抜く私たち人類にとって「チエ」の重要性は益々増していると言えます。

SECTION 3
グロービスの事業内容

●ビジョンに則った事業展開

グロービスは２０２２年に創業30周年を迎えましたが、この30年間、先に紹介したビジョンに忠実に事業を展開してきました。

「ヒト」の面では、学校法人としての「グロービス経営大学院」ならびに、株式会社立のスクール「グロービス・エグゼクティブ・スクール」「グロービス・マネジメント・スクール」、企業内研修事業を行う「グロービス・コーポレート・エデュケーション」と、ｅラーニングやオンラインクラスのほか定額制動画学習サービス「ＧＬＯＢＩＳ 学び放題」などを提供するグロービス・デジタル・プラットフォーム事業を展開しています。

「カネ」の面では、「グロービス・キャピタル・パートナーズ」として、ベンチャー企業への投資・育成を行うベンチャーキャピタル事業を展開しています。

「チエ」の面では、出版事業ならびに情報発信サイト／アプリ「ＧＬＯＢＩＳ知見録」により、新たな経営知の発信活動を推進しています。

さらに社会に対する創造と変革を促進するため、一般社団法人Ｇ１によるカンファレンス運営、一般財団法人ＫＩＢＯＷによる震災復興支援および社会的インパクト投資を展開しています。

グロービスは、創業以来、社会の創造と変革に挑み続けるべく手掛けてきた「ヒト」「カネ」「チエ」のあらゆる事業において、日本一のポジションを築くことができるに至りました。これら一つひとつの事業について、もう少し詳しくご紹介します。

●「ヒト」に関わる事業

まず「ヒト」の面では、社会人向けの人材育成・組織開発のサービスを提供しており、個人・法人向けのスクール事業と法人向けの企業内研修事業を営んでいます。

グロービスのスクール事業は、１９９２年（創業時）に渋谷の小さな貸し教室で、堀自らが教えるマーケティングの1講座からスタートしました。一方的に講義をするのではなく、ケースメソッドを用いてお互いに議論し合う体験は当時新しく刺激的だと共感を呼び、口コミで評判が広がっていきました。１９９３年には、日本を代表する大手企業より大規模研修を受注し、法人向けの企業内研修事業を開始しました。

このように始まったスクール事業と企業内研修事業でしたが、２０２３年現在、いずれの事業も国内最大の経営リーダー育成機関となっています。

スクール事業は、学校法人としての「グロービス経営大学院」ならびに、株式会社立のスクールとして「グロービス・エグゼクティブ・スクール」と「グロービス・マネジメント・スクール」を展開しています。

グロービス経営大学院は、文科省認可の経営学修士（ＭＢＡ）を取得することができる大学院であり、多くの経営リーダーを輩出すべく、日本語だけでなく英語でもプログラムを展開しています。グロービス経営大学院には、毎年１０００名以上、累積で1万名以上の方々がご入学され、卒業生は累積８６４０名に上っています。日本国内におけるビジネススクールの年間入学者数が２０００名強であることに鑑みると、その約半数がグロービス経営大学院を選んでいる計算になります。

また、グロービス・エグゼクティブ・スクールやグロービス・マネジメント・スクールは非学位プログラムではありますが、短期間で自分が学びたい領域に特化してそれぞれのニーズにあった内容を学ぶことができるため、こちらも高い人気を博しており、今では累積18万名以上の方が受講されています。

一方の企業内研修事業では、各社の経営課題を人材・組織の面から支援すべく、各社の経営リーダーの育成や組織能力の開発を支援しています。社会の創造と変革を実現するにあたっては、個々のリーダーを育成するだけではなく、組織風土や組織間の関係性に焦点を当てた組織開発のアプローチも必要です。組織を変えることは一朝一夕に実現できるものではありません。大きな組織になればなるほど相応の時間がかかりますが、だからこそクライアント企業の経営課題に個別具体的に寄り添うパートナーとして、長期間にわたり伴走させて頂きながら、より良い組織づくりのお手伝いをしています。比類なき経営人材・組織開発のプロフェッショナルとして、これまでに約６７００社の法人クライアントと取引をさせて頂き、累計約２３０万名の方に受講頂いています。

グロービス・ビジョンにある「ヒト」に紐づく事業は、個人・法人向けのスクール事業と法人向けの企業内研修事業を2本柱として展開してきましたが、２０１６年からはデジタル・プラットフォーム事業を立ち上げ、講師と受講生が対面して行う従来型の形式とは一線を画す新たな教育サービスをスタートさせました。その代表的なサービスの1つが「ＧＬＯＢＩＳ 学び放題」です。

「ＧＬＯＢＩＳ 学び放題」は、サブスクリプション型の短い動画を用いたマイクロ・ラーニング教材で、パソコンやスマートフォンがあれば、いつでもどこでも良質なグロービスの経営コンテンツを学習することができるサービスです。質の高いコンテンツを3分間

図表2 ● デジタル・プラットフォーム事業のURL

GLOBIS 学び放題	https://hodai.globis.co.jp
GLOBIS Unlimited	https://globisunlimited.com/jp/
グロービス無限学	https://e.umu.cn/globis
GLOPLA LMS	https://glopla.globis.co.jp/

から学べる利便性や価格の手頃さから、法人クライアントのみならず、個人ユーザーからも好評を博し、２０２３年時点では累計約75万名のユーザーにご利用頂いてきています。「ＧＬＯＢＩＳ 学び放題」は、日本国内のみならず海外からのニーズにもお応えするため、英語版の「GLOBIS Unlimited」と中国語版の「グロービス無限学」も展開し、世界中のユーザーにご利用頂いています。

他にもデジタル・プラットフォーム事業としては、学習コンテンツだけでなく、法人向けの学習管理システム「ＧＬＯＰＬＡ ＬＭＳ」を開発・提供しています。これは、法人クライアント社内で行われる研修の受講申請、実施状況、受講者管理などの業務を一括管理できるようにしたシステムです。これにより、研修業務担当者の業務効率向上に繋がるだけでなく、受講者の学習データを蓄積・活用していくことで、研修プログラムを受講者別に最適化し学習効果を高めていけるプラットフォームとなっています。

●「カネ」に関わる事業

次に、グロービス・ビジョンにある「カネ」の面では、グロービス・キャピタル・パートナーズ（以下、ＧＣＰ）が、ベンチャーへの投資・育成を行うベンチャーキャピタル事業を営んでいます。ＧＣＰのベンチャー投資は、単に資金を投資するのみならず、ハンズオン型で深く経営に関与し、事業と組織を育てていきます。

これまでに累計１１００億円のファンドを運用し、累計約２００社への投資を行ってきています。直近では２０２３年3月に７２７億円の7号ファンドを立ち上げたことで、運用総額は１８００億円を超えます。

ＧＣＰが手掛けたベンチャーには、ワークスアプリケーションズ、ライフネット生命、ビジョナル、メドレー、メルカリ、スマートニュース等、日本を代表する有力なベンチャーが数多くあります。ＧＣＰにおけるハンズオン型のベンチャーキャピタル事業は、日本のベンチャーキャピタル業界をリードする存在として新たな産業の創造を行っており、日本におけるデカコーン（企業価値１００億ドル超の未上場企業）の創出に動き出しています。

●「チエ」に関わる事業

「チエ」の面では、経営大学院や企業内研修事業等の人材育成を通して培った「経営知」を、ビジネス書やウェブメディアを通じて発信すべく、出版事業ならびに情報発信（ウェブサイト、アプリ等）を行っています。リーダーが実践的に学べる知識を発信することで、「より多くの方が創造と変革を導いていけるように」という願いを込めて事業を推進しています。

グロービスが出版した書籍は、その代表作とも言える「グロービスＭＢＡシリーズ」を始めとして全１３４冊あり、累計販売部数は３６５万部に達しています。また、２０１４年に立ち上げたウェブメディア「ＧＬＯＢＩＳ知見録」、同じく２０１６年に立ち上げた英語版「GLOBIS Insights」は、最先端のビジネストレンドのほか、業界を率いるビジネスリーダーの知見が共有されるプラットフォームになっています。なお、「ＧＬＯＢＩＳ知見録」のスマホアプリは、２０２３年４月時点で12・5万ダウンロードに達しています。

※GLOBIS知見録 URL：https://globis.jp

※GLOBIS Insights URL：https://globisinsights.com

＊GLOBIS知見録は、２０２３年10月に「GLOBIS 学び放題」と統合予定

●日本版ダボス会議「G1サミット」

グロービス代表の堀は「ヒト」「カネ」「チエ」の各領域における事業を行う法人格とは別に、日本そして地域をより良くするためにいくつかの一般社団法人を設立しました。そして、それぞれの法人の設立趣意に基づく事業をグロービスのスタッフが担って活動しています。

堀は世界中のリーダーが集う世界経済フォーラム（通称、ダボス会議）に毎回出席している日本の中では稀有なリーダーですが、彼はその中で経済成長著しい中国やインドに対して、

日本のプレゼンスの低下を肌で感じるようになっていました。この状況を変えたいと考えた堀は、共感のできる政治家を応援することや、自身が正しいと思うことや日本がどうあるべきかを言葉にして伝えること、そして世界で発信力を高めることに注力してきました。

しかし、政財界のリーダーたちと議論するうちに、力を持っているはずの政治家でさえ、世論を味方につけない限り国や地域を何一つ変えられないことに気付きました。その現実を目の当たりにした堀は、２００９年に、各界のリーダーが結集して変革の機運をつくる「Ｇ１サミット」をスタートさせました。混迷する世界にあって、次世代を担うリーダーが集い、学び、議論し、日本再生のビジョンを描く場にしたいと考え、「世界(Global)が１つになる。世代(Generation)が一丸となる」という意味を込めてＧ１と名づけました。

現在は、２０１３年に設立した一般社団法人Ｇ１を母体に、「Ｇ１サミット」だけでなく、海外から要人を招聘する「G1 Global Conference」、企業経営者が集う「Ｇ１経営者会議」、若手リーダーが集まる「Ｇ１新世代リーダー・サミット(U-40)」、新進気鋭のベンチャー起業家が結集するＧ１ベンチャー、地方自治体の首長が参加する「Ｇ１地域会議」など、様々なカンファレンスが毎年開催されています。

Ｇ１では、単にリーダーが集まって議論する場というだけでなく、各々のリーダーが自らの具体的な行動に移すことを常々重視してきました。堀が定めたＧ１精神というものがあります。それは「批判よりも提案を」「思想から行動へ」「リーダーとしての自覚を」の

3つです。各界のリーダーが、このＧ１精神に基づき、発言・議論を重ねて行動に移していきます。そこから生み出された具体的な行動は日本を良くするための「１００の行動」として書籍にも纏められ、実際に各界リーダーの行動に移され、成果を上げてきています。２０２３年4月には、「G1@Bay Area」を米国シリコンバレーにて開催し、今後のＧ１は世界にも活動を拡げていくことになります。

●震災復興支援から始まった「KIBOW」

２０１１年に東日本大震災が起きました。その3日後には１００人が集まり未曽有の「大災害」に対して自分たちに何ができるかを真剣に議論しました。その場で被災地のために「動こう」ということで生まれた震災復興支援プロジェクトが「ＫＩＢＯＷ」です。「ＫＩＢＯＷ」とは、希望と虹（rainbow）を掛け合わせたネーミングですが、そこには「人と人、日本と世界を希望でつなぐ」という意味も込めました。当時の活動内容は、支援金や寄付金の募集、海外向けの発信、被災地への物資運搬とイベント開催でしたが、その後２０１５年からは、社会起業家向けにインパクト投資を行う「ＫＩＢＯＷ社会投資ファンド」を立ち上げました。

インパクト投資では、社会課題の解決に貢献することに加えて、経済的な利潤を出すことも求められます。日本における先駆けとして、グロービスは、資金の流れ（カネ）、投資先に多くの人が集まり成長する流れ（ヒト）、社会を変えるベストプラクティスを集積し展開する流れ（チエ）という3つの流れを創り、グロービスらしい形で社会の創造と変革を加速させることを、ファンドのミッションとして掲げ取り組んでいます。

●地方創生の魁モデル

更に最近では、茨城県水戸市を中心に、地方創生の魁（さきがけ）モデルを創り上げるべく、新たな取り組みを行っています。堀は自身の学生時代を水戸で過ごしたのですが、数十年ぶりに水戸に帰った際に、かつて賑やかだった街中が、廃墟ビル、空き地、シャッター街となってしまっていたことに「何とかしなければならない」という強い気持ちが湧き上がったと言います。

堀は著書『人生の座標軸』（東洋経済新報社）の中で述べているように、個人、家族人、組織人、日本人、アジア人、地球人の6つの軸に分けて自分が為すべき役割を考えていました。ところが、そこには「地域」という軸がなかったということで、新たに7つ目の軸として「地域」を自身の座標軸に取り入れ、本気で地方創生に取り組むべく「水戸ど真ん中再生プロジェクト」をスタートさせました。

この流れを受けて、グロービスはプロバスケットボールチーム「茨城ロボッツ」や茨城県で唯一のＡＭラジオである「茨城放送」、映像制作会社「パブリックアート」を傘下としました。そしてスポーツ・メディア・都市開発・エンタメ等の融合によって、水戸茨城に夢・誇り・活力を生み出し、地方創生の魁モデルを創るべく取り組んでいます。

２０２２年には、「プロでも不可能」と言われた、たったの半年間という前代未聞の短期間で、国営ひたち海浜公園に２日間２万人を動員したLuckyFes（音楽と食とアートの祭典）を独自に立ち上げることに成功しました。このLuckyFesは「３年以内に日本３大フェスになる」という目標に向けて邁進しています。

以上、グロービスが手掛ける事業を紹介してきました。グロービスが取り組む事業はいずれも、数年間かけて着実にその領域における日本一の規模・インパクトを誇る事業へと成長させてきました。もちろん、日本一で満足するつもりはなく、その先には世界一になることを目指して全社一丸となって突き進んでいます。

SECTION 4

グロービスの経営理念

ここで、グロービスの経営理念を紹介します。

・ビジネスを通しての社会貢献（対社会）

グロービスは、常に新たな価値を創造し、ビジネスにおける新機軸を打ち出し、社会的善のビジネスを通して社会貢献を行う。

・自己実現の場の提供（対個人）

グロービスは、社の内外を問わず、グロービスに関わるスタッフ各自が可能性を信じ、企業家精神を発揮し、相互啓発を通して自己実現できる場を提供する。

・理想的な企業システムの実現（対ステークホルダー）

グロービスは、顧客を初め事業に関わる全ての人々の満足度を高め、21世紀のリーダーとして、フェアでオープンな理想的企業システムを構築し、維持する。

グロービスは誰にどのような価値を提供するかを、この通り経営理念を通じて、明確に宣言しています。

●ビジネスを通しての社会貢献（対社会）

グロービスの経営理念の冒頭にある「ビジネスを通しての社会貢献」とは、私たちにとってビジネスとは目的ではなく、あくまで手段に過ぎないことを表しています。つまり、グロービスが行うすべての活動は社会貢献のために行う、ということを表しています。

グロービスは法的には民間企業（営利企業）に分類されますが、利益を創出することやビジネスを営むことそのものを目的とするのではなく、すべては社会に貢献するためにビジネスをする、という理念を持っているのです。逆に言えば、社会貢献に繋がらないビジネスは一切やらない、ということです。世の中には、儲けることを目的にビジネスをしている個人や組織もあります。そういった存在を否定するわけではありませんが、グロービスはそれらの利益至上主義の会社とは一線を画す会社です。

昨今は、ＥＳＧ（Environment、Social、Governance）やＳＤＧｓ（Sustainable Development Goals）の流れもあって、営利企業と言えども単に儲けることができていればそれで良しとされる時代ではなくなってきました。個人的に、これはとても良い流れだと思っています。企業とは「社会の公器」と呼ばれる通り、本来は社会をより良くするために存在するものです。そして企業は、社会を良くした分だけ、それに相応しい対価（金額）を頂く存在であるべきです。それにも関わらず、私たちが活きる地球や社会環境を害してまで成長していく企業が生まれてしまったこと自体が、本来的には望ましいことではないはずです。

多くの企業が、社会に貢献する活動をしていることをアピールするために、本業とは別のＣＳＲ活動に取り組んでいます。そのＣＳＲ活動が社会を良くすることに繋がっているのであれば、それは取り組んだ方が良い活動であることは間違いないでしょう。ただし、本来、「社会の公器」たる企業としては、取って付けたようなCSR活動を行うよりも、本業自体を社会貢献活動に直結させるべきではないでしょうか。

グロービスは、創業者の堀が「ビジネスを通しての社会貢献」をするために創った企業であるが故に、社会貢献すること自体を本業とした企業（＝社会貢献本業カンパニー）であることを自負しています。

●自己実現の場の提供（対個人）

経営理念の2つ目には、対個人に対して自己実現の場を提供する、ということを謳っています。自己実現とは、個人が自分の能力を最大限に発揮し、自身が心から望む自分のありたい状態を実現することです。有名なマズローの欲求5段階説において最上位に来るのがこの自己実現欲求とされている通り、自己実現は人間にとって最も高次の欲求とされています。私たちは、グロービスに関わるすべての人にこの自己実現を果たしてほしいと強く願っており、それを実現させるための場を提供すべく日々活動しています。

もちろん、自己実現を果たす道のりは容易《たやす》いものではないかもしれませんが、グロービスには「可能性を信じる」という信念がすべてのスタッフに宿ったものとして存在しています。これは、堀がグロービスを創業した時から持っていた重要なスタンスです。グロービスは自身の可能性を本気で信じられる人の集団だからこそ、相互啓発を通じて自己実現できる道を自ら切り拓いています。

この理念では、「社の内外を問わず」と述べている通り、グロービスの社員はもちろんですが、グロービス社外の方々、例えば大学院や企業研修の受講者、社外の講師、そしてベンチャーキャピタルにおける起業家など、様々な個人の自己実現を果たしていくことを誓っています。

実際に、この経営理念に惹かれてグロービスに入社された方々が多くいます。

●理想的な企業システムの実現（対ステークホルダー）

経営理念の最後に掲げているのは、「理想的な企業システムの実現」です。この理念は、私が個人的に最も強く想いを持っている部分であり、本書を執筆する動機に繋がった部分でもあります。

グロービスは、世の中の個人・法人・社会に対して、良き経営の在り方を提供している会社です。それ故に、私たちグロービス自身が理想的な経営を実現することができていなければ、提供しているサービスの説得力を失ってしまいます。つまり、この理念があることこそが、グロービスをグロービスたらしめているのだと私は感じています。

私は、初めてこの言葉を見た時に自分の中に衝撃が走りました。経営理念というのは、各社が信じる最も重要な価値観を表すものですが、そこにはそれぞれの組織が信じる〝理想の中身〟が言語化されているものです。それに対して、グロービスの場合は、〝理想の中身〟を表現するところに〝理想〟という言葉そのものを直接的に謳っているところに、私は他の組織とは一線を画す気概を感じたのです。経営理念に〝理想〟を高らかに謳うからには、グロービスは当然ながら理想に反するようなことはできません。しかも、その理想を全てのステークホルダーに対して宣言しているため、そこに懸ける想いも生半可なものではないのです。

本章では、グロービスのビジョン、事業内容、経営理念について述べてきました。次章では、渋谷の小さな貸し教室から始まったグロービスが、なぜこれ程までに事業の拡がりを持ちながらも、各事業で日本一になることができたのか、その経営における核心に迫ります。

CHAPTER 1

複雑系の経営

本章では、グロービスがどのような経営を行っているかを概観していきます。グロービスの経営は、「複雑系の経営」と呼ばれる特長を有しています。〝複雑系〟とは、多くの要素が互いに関連し合いながら動くことで、全体として特定の振る舞いを見せる特性のことを言います。

例えば、私達がイメージしやすい複雑系の一例として「森」があります。森には様々な植物や動物が生息していますが、それらはすべて他の生物や自然環境と関わり合って、森という1つの全体を創り出しています。これは生物一つひとつの動きが全体に影響を及ぼしていることを表しています。これを経営に当てはめた考え方を「複雑系の経営」と呼んでいます。

本章を通じて、複雑系の経営の効用、そしてその実現のための要諦を、具体的なエピソードを交えながらお伝えします。

●有事にこそ組織の真価が問われる

グロービスは、創業来30年間ほぼ右肩上がりに成長し続けてきています。

もちろん、この間には様々な経営環境における危機が訪れました。特に大きな危機を3つ取り上げるならば、それは、1997年に起きたアジア経済危機、2008年に起きたリーマンショック、そして2020年からのコロナ危機でした。いずれも世の中が一気に不況へと転じ、多くの企業が業績不振に陥り、破綻する企業も出てきました。こうした不況期には、多くの会社において教育費が削減されやすく、グロービ

図表3●グロービスの売上および社員数の推移

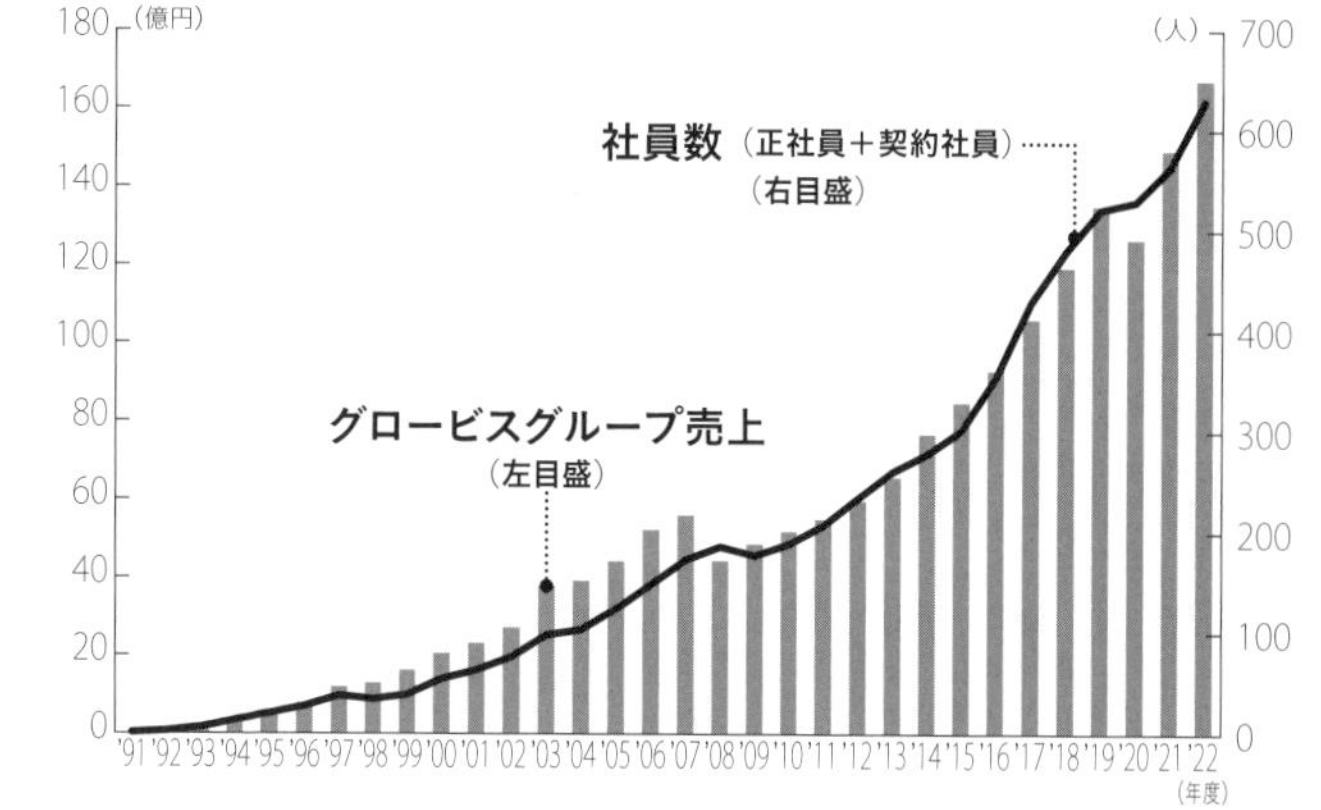

※2018年度に決算期を6月から3月に変更したため、2018年度は9か月間の売上
※売上および社員数ともに、GDPおよび茨城グループ各社を除く

スが手掛ける研修の需要自体の落ち込みに繋がります。ベンチャーキャピタル事業にとっても大きな逆風となります。

組織は、こうした有事の時にこそ、その真価が問われるものです。グロービスは、毎年進化を遂げてきた企業ではありますが、特にこうした大きな危機を察知した際には、非常に機敏に動く組織です。いずれの危機に直面した際にも、トップ自らが先頭に立って瞬時に非常事態宣言を社内に発することで組織全体に危機意識を伝達すると同時に、より筋肉質な企業体質へと変化できる絶好のチャンスとして捉えて活動するのです。

要は、有事においては、目前に迫る危機に対して不安がり縮こまるのではなく、厳しい現実を直視しつつも、危機を機会に転化できるものとして捉え、取り組むべきことを明確にするのです。そして、有事にその危機を乗り切るためには、組織の力を色々な方向に分散させるわけにはいきません。全員が同じ方向に向かって力を発揮できるように取り組むべきことを絞り込み、力を結集させる必要があります。

グロービスは、アジア危機、リーマンショック、コロナ危機のいずれにおいても、経営トップから社内に対して非常事態宣言を発するのと同時に、5〜6個に絞り込んだ方針を打ち出し、全社をあげてひたすら方針の遵守・徹底をしてきました。その結果、いずれの危機においても、業績不振に陥るどころか、過去最高益を実現させる、より強い組織へと進化させることができています。

ここからは、グロービスが、スピーディに変化適応し、進化し続ける組織であることを理解してもらうために、その端的な例として、コロナ危機のエピソードを紹介します。

●コロナ危機時に見る迅速な変化対応 ～最善解の追求

コロナは2020年早々から日本だけでなく世界中で感染が大流行していったわけですが、実はグロービスはこの2020年が明けたタイミングで、従来の「アジア№1のビジネススクール」という旗のもとでアジアを中心とした事業展開方針から、「世界№1 MBA」になるべく世界中に打って出る方針へと大きく舵を切ったばかりでした。この挑戦的な方針を大々的に全社発表してから1か月もしないうちに、コロナ危機がやってきました。

当時はコロナという未曽有のウイルスが迫ってくる中で、専門家の言うこともバラバラであったため、何が正しい情報なのか、何を信じればよいのかが分からず、世間が非常に混乱していた時期でした。政府や行政から出てくる情報を注視しながらも、タイムリーに明確な指針が出されるわけでもなかったため、日々の事業運営方針はそれらに頼らずに自分たちの頭で考え打ち出す必要がありました。

平時には月1～2回の開催頻度であるグロービスの経営会議も、初の緊急事態宣言が発令されるまでの1か月間は頻度を大幅に上げて、毎日のように意見交換し、意思決定をしていきました。その頃は特に、経営メンバーを中心にそれぞれが知り得た情報を共有し、どう事業運営していくかについて喧々諤々《けんけんがくがく》の議論を行い、その時点での最善の意思決定をすることに拘《こだわ》りました。情報が錯綜していた時期だったので、翌日には真逆の意思決定をすることも少なくはありませんでした。意思決定は何らかの情報に基づき演繹的に決めていく営みなので、その拠り所としていた情報（前提）が異なった場合には、朝令暮改を辞さずに瞬時に変えていくわけです。何が正解か分からない時の意思決定は、その時点でできる最善解を追求するしかありません。

●コロナ危機時に見る迅速な変化対応 ～Disagree & Commitment

このコロナ危機が従来の経済危機と異なったのは、「人命」がかかった意思決定をしなければならないことにありました。当然、人命を守ることは最優先に考えねばならないことです。ただ、当時はコロナウイルスが人類にもたらす影響に関する正確な情報がなかったため、各人が取ってくる情報ソースの違いによっても、元々の価値観の違いによっても、社内メンバーのコロナに向き合うスタンスが大きく分かれました。

グロービスの経営メンバーにおいても、コロナの脅威を非常に強く認識しどんな些細なリスクも取らない考え方の方もいれば、お客様がサービス提供を望むのであれば、ある程度のリスクコントロールはしつつも事業を継続することに重きを置く方もいました。両者の間ではそれぞれ真逆の事業方針案が出てくるため、当時の経営会議では意見が真っ二つに割れることも少なくありませんでした。

ただ、グロービスには、「Disagree & Commitment」という会議における向き合う姿勢を明確にしたミーティング・ウェイがあります。これは、会議中は反対意見があるのであれば、立場に関係なく誰もが遠慮せずに意見表明し建設的に議論していく（Disagree）ものの、会議で一度決定したのであれば、元々の賛成派も反対派も関係なく全員が決定事項にコミットして実行徹底する（Commitment）、というものです。

●コロナ危機時に見る迅速な変化対応 ～明確な方針提示と自発性の喚起

その結果、初の緊急事態宣言に入るタイミングで、経営から全社に対して3つの方針を打ち出しました。それが「コロナ感染防止の徹底」「学びは止めるな」「ピンチをチャンスに」というものでした。人命を守ることは第一として安心安全を確保した上で、私たちグロービスとしては良質な学びを世の中に届けるという使命を全うし、この危機自体を良い機会に変えてしまおう、という方針を打ち出しました。この3大方針に基づき、各事業・各部門が自発的に何をしたらよいかを考え、自主的に最善の行動を取っていったのです。

例えば、グロービス経営大学院では、これまでリアルで展開していた授業を、たったの

3営業日ですべてのクラスをオンライン化させることに成功しました（それが可能になった背景について後述します）。グロービス経営大学院は、１日に同時に十数クラスが展開されている日本最大のビジネススクールであるため優に１００を超えるクラスがあるのですが、まずその全クラスのインフラ（ウェブ会議システムのネットワーク環境、パソコン等）を整備しました。

また、グロービスのクラスは講師が一方的に講義をするスタイルではなく、講師と受講生との双方向なやり取りに特長があるため、オンラインクラスでもそのインタラクティブな議論の場をつくれるように１００名を超える全講師にオンラインの特性を活かした進行方法をレクチャーし、リアルと変わらない品質の授業を実施することができました。

当時、世の中のほぼすべての学校や大学が授業を続けることができず数週間もしくは数か月間休校になっていたことに照らしてみると、これだけの規模のクラスを瞬時に変革したことの尋常ではないスピード感をお感じ頂けるかと思います。もちろん、たった3日間でこの環境・体制を確立させることは決して容易いことではありませんでしたが、「学びを止めるな」という皆の並々ならぬ強い想いがあって、現場の皆さんが知恵を出し合い、力を合わせることで、普通では考えられない程のスピードで変革を実現させることができました。

一方で、当時の法人クライアントにおいては「研修は対面で行ってこそ価値がある」という考えが根強く、コロナ禍で業務のオンライン化が進んでいる中ではあっても、当初はオンライン型のスクールや研修の品質・価値に対しては懐疑的な声が多くありました。

　そんな中、法人研修事業のメンバーからは「言葉で説明してもオンライン研修の価値が伝わりにくいのならば、お客様に直接実態を見て頂いてその価値を感じて頂こう」といった建設的な意見がボトムアップで次々と上がってきました。未曽有の危機において、研修は組織における優先順位が下がり易く見送られがちではあるのですが、オンライン環境だからこそ提供できる教育の価値を粘り強く伝え続けた結果、オンライン研修の件数は飛躍的に伸びていきました。

　また、私は経営管理本部の責任者をしていたため、コロナ対策における陣頭指揮を執るべく、コロナ対策本部を立ち上げました。感染防止策はもちろんのこと、全社員が日々移り変わっていくコロナの状況に右往左往することなく一人ひとりが自分の頭でどう行動すべきかを判断することができるようにしたいと考えました。そのために、グロービス独自の新型コロナ基本方針区分（コロナ感染の深刻度合いに応じて4区分に分類し、それぞれの区分における出勤形態、基本行動、出張の在り方、サービス提供方針等の指針を示したもの）を作成し全社展開しました。これにより、社員一人ひとりがどう行動すべきかを自律的に判断しながらも、組織としては混乱をきたすことなく、うまく事業運営することができました。

●コロナ危機時に見る迅速な変化対応 ～信念を貫く

グロービスでは1回目の緊急事態宣言後は原則フルリモートワークで仕事をしていたのですが、その緊急事態宣言が明ける2020年5月末のタイミングで、フルリモートワークにおける実態を確認すべく、全社員にアンケートを取りました。その結果、リモートワークによって出勤が無くなることに伴う時間効率の向上や集中しやすいといったメリットを感じている声も多かった一方で、他部署・他チームとの偶発的な接点や雑談の減少、関係性の作りにくさ、新人のオンボーディングの難しさなどの課題も同時に見えてきました。

この結果を踏まえて、グロービスはオンラインによる効用とリアルならではの効用の両方を組み合わせたニューノーマル時代の新しい働き方を見据えて、独自の「ワークスタイル・ウェイ」を定めました。これは、テクノロジーを積極的に活用してリモートワークやフレックスタイム制度などの働きやすさを追求しつつ、「良きコミュニティ形成」「良き企業文化醸成」「良き関係性創出」の場を大事にすることを特徴としたものです。

当時、世の中では「もうオフィスは要らない」という風潮が広がり、オフィスを無くしたり削減したりする企業が増えた頃でした。しかしながら、グロービスはそういった動きに追従することなく、「すべてがリモートに置き換わることはない。リアルでしか実現できない価値が必ずある。よって、グロービスはオフィスを縮小することはしない。今はリモートで良いと思っている企業も必ずそのうち揺り戻しが来るはずだ」と考えていました。
実際に、昨今では、GoogleやX（旧Twitter）、ディズニー等の名だたる有名企業が、社員にオフィス出社してもらうことの重要性を痛感し、出社を義務付ける会社が増えてきました。グロービスが２０２０年６月に作成した「ワークスタイル・ウェイ」は、アフターコロナ時代に入った今でも、その有効性は一切衰えることなく、今日でも理想的な働き方として機能しています。

他にも、誰も経験したことがなく、世の中に正しいやり方も出回っていなかった職域接種を日本で最も早いタイミングである解禁日初日にスタートさせ、社員だけでなく、社員の家族、大学院の受講生や卒業生、講師、投資先の社員やその家族にまで対象を拡大して、社員数の７倍にもあたる５０００人に過不足をほぼ発生させることなくスムーズにワクチンを提供できたことについては、各所から感謝や絶賛のお声を頂きました。

このように、グロービスでは、経営陣だけでなく、社員一人ひとりが「今、何をすべきか？」を考え行動に移せるところが、大きな難局を前にした際に、より一層強い組織へと進化させ続けられている所以だと感じています。経営の世界においては、環境変化にいかに適応できるかが最も重要なことの１つでありますが、グロービスは変化適応型組織として、迅速な変化を遂げながら壁を乗り越えてきました。

●変化を先取りする組織

グロービスは、変化適応型組織であることを述べましたが、単に外部環境の変化が明らかになってからそれに対処するように変化してきただけではありません。大きな時代の潮流を読み、自ら変化を先取りする（創り出す）組織でもあるのです。

グロービスが変化を先取りした事例をご紹介します。コロナ禍において3日間で全クラスをオンライン化させた話を先に触れましたが、実はこの話には布石がありました。MBA教育の歴史が長いアメリカにおいて、2010年代前半にMOOCs（Massive Open Online Courses：大規模公開オンライン講座）という講義内容を動画で配信するモデルが出てきました。MOOCsでは、オンラインを通じて授業を配信することができれば、場所の制約を受けることなく学ぶことが可能になります。

ただ、色々と調べていくと、MOOCsでは途中でモチベーションが続かなくなり最後までプログラムを受講完了できない割合が非常に高いことが分かってきました。また、MOOCsは講義内容を録画したものをインターネット上で配信するモデルであるため、講義が一方通行になっていました。理論を教えるだけの教育であればそれでも事足りるかもしれませんが、グロービスが提供したい教育は〝実践性〟をとても大切にしています。ビジネスは実践できなければ何の価値を生み出すこともできないためです。その実践ができるようになるためには、頭で分かった気にさせるような教育では足りません。よって、M

ＯＯＣｓではグロービスが提供したい教育は実現できないと考え、オンラインであっても少人数でインタラクティブな教育手法に拘るべきと考え、辿り着いたのがＳＰＯＣｓ（Small Private Online Courses：小規模非公開オンライン講座）でした。

当時はまだまだ技術的な懸念が沢山あり、自分たちが提供したい教育レベルを本当にオンラインで提供できるのかの確証が持てない中でしたが、「できる／できない」という議論をいつまでもしているよりも、「まずは試してみて実際の受講生の反応を見た方が早い」と思い切って、代表の堀が率先する形でオンラインクラスをスタートさせました。

いざ取り組んでみると、発言者の顔が画面いっぱいに表示されたり、チャット機能を使うことで全員に意見を出してもらいお互いの考えの違いに触れられたりする等、リアルクラスには無いオンラインクラスならではの利点が判明したのです。これを受けて、２０１５年には正式にオンラインＭＢＡプログラムを開講しました。この経験の下で蓄積したノウハウがあったことが、２０２０年のコロナ危機に直面した中でも、受講生にご満足いただける高品質なオンラインクラスを一気呵成に全展開できたことに繋がりました。

●業界に先駆けたＤＸを加速させるテクノベート

ベンチャーキャピタル事業の代表も務めている堀は、２０１４年頃から、起業家として成功するために必要な資質やスキルが明らかに変わってきていると感じていました。「先端テクノロジーを使って従来とまったく異なるビジネスモデルを構築すること」へと経営の中心テーマが進化し、インターネット、ＡＩ（人工知能）、ロボティクスなどのテクノロジーを理解し経営に取り込みながら優位性を築く力が従来以上に一層求められてくる、ということでした。グロービスが従前より提供してきたＭＢＡにおける経営リーダーに必要な要素は、マネジメントの知識や理論（ビジネス・フレームワーク）、考える力（コンセプチュアル・スキル）、人間関係能力（ヒューマン・スキル）の３つに大別されますが、これをアップデートする必要性を強く感じたのです。

　そこで社内外の有識者を巻き込みながら一連のリサーチを行った結果、浮かび上がった２つの重要なキーワードが〝テクノロジー〟と〝イノベーション〟でした。堀はこの２つの言葉を組み合わせた「テクノベート」という言葉を生み出しました。

　２０１６年に発表した新年の方針は、「グロービスは、自らを『テクノベート』し、リアルとネットを融合した『エドテク（EdTech）』ベンチャーに進化する！」というものでした。この方針に基づき、グロービスが提供する教育カリキュラムの内容自体にテクノベート要素をふんだんに盛り込んでいくことにしたのです。この時から次々と、ＡＩ、ＩＣＴ、ＩｏＴ、ネットビジネス、サイバーセキュリティといったテクノベート科目の開発を急加速させました。

また教える内容だけでなく、教え方・学び方自体もテクノベート化すべく、デジタル・プラットフォーム事業を立ち上げて、新たに「テクノロジー職」を新設しました。

この方針に基づき、「ＧＬＯＢＩＳ 学び放題」や「ＧＬＯＰＬＡ ＬＭＳ」という新サービスの開発、そして将来の新しい学び方を研究するための「グロービスＡＩ経営研究所」を設立しました。ＡＩを経営教育にどのように活用できるかは、まだまだ発展途上ではあるものの、画期的な研究成果も出てきており、既にグロービス経営大学院はＡＩに関する特許を2件（ＡＩによる自然言語テキスト解析エンジン「ＧＡ：ｉＤＥＳ（GLOBIS AI Document Evaluation System）」と「ＧＡ：ｉＬ（GLOBIS AI learning）」）を取得しています。

図表4● グロービスの職掌（期待役割）区分

職掌名	期待役割
プロフェッショナル職	会社の経営全般に責任を持ち、部門・チームの長として、またはこれを代行もしくは補佐して所管業務の企画・執行・管理を行う、ないしは高度な専門業務の企画・執行・管理を行う。また、教育・研究に責任を持ち、ファカルティグループの長として、またはこれを代行もしくは補佐して所管業務の企画・執行・管理を行う。
ファカルティ職	ファカルティ職は、教育・研究に責任を持ち、ファカルティグループの長として、またはこれを代行もしくは補佐して所管業務の企画・執行・管理を行う。
テクノロジー職	会社にとって重要な最先端のデジタルテクノロジーに関する専門性を発揮して担当業務を遂行する。また、タイトルの上昇とともに、チームの長として、またはこれを代行もしくは補佐して所管業務の企画・執行・管理を行う。
エキスパート職	会社にとって重要な特定分野の業務に関して、高い専門性を発揮して担当業務を遂行する。

これらの研究成果を活用して、直近では「ナノ単科」という〝動画とＡＩで学ぶＭＢＡ単位〟も生まれています。直近では、ＣｈａｔＧＰＴがＡＰＩを公開した翌日にはＧＡｉＣｈａＬ（GLOBIS AI Chat Learning）という世界初の動画とＡＩを活用した対話型の教育システムを実装し、ナノ単科の学びをより充実化させることを実現しました。

２０１６年には一人もいなかったテクノロジー職が、２０１７年以降6年間で社員だけで約80名（業務委託社員を含めると２００名超え）となり、一気にテクノロジーカンパニーへと進化を遂げています。

グロービスではこれまでも業界のＤＸを加速させる営みを先駆けて取り組んできましたが、今後は「テクノベート時代における世界№１　ＭＢＡ」を目指して、より一層の進化を遂げていく予定です。

SECTION 2

分権化によるフラットなネットワーク型組織

●オープンさ&フラットさ

以上のように、グロービスが経営環境の変化に適応し、変化を先取りできてきた理由には、その組織のあり方が大きく影響しています。

グロービスに新しく入社したメンバーが最初に驚くことは、この組織の〝オープンさ〟と〝フラットさ〟です。この〝オープンさ〟と〝フラットさ〟という言葉は、グロービスに入社してすぐに感じる組織カルチャーなのですが、立場に関係なく誰もが思ったことを率直に語り合い、互いに知り得た情報を惜しみなく共有し合うことで、新たな価値を生み出していく組織になっています。

このようなオープンでフラットな組織をつくる上で重要になるのが、「分権化によるフラットなネットワーク型組織」という考え方です。これがどういった組織なのかについて説明する前に、共有しておきたい考え方があります。それが〝複雑系〟という考え方です。

●複雑系

複雑系というのは、先述した森のように、多数の要素が相互に影響し合い、非線形の相互作用を持つシステムのことを指します。ここで出てくる多数の要素は相互に依存し合う関係性（相互依存性）を持ち、全体として予測が難しい振る舞いや現象を引き起こすが故に、〝複雑系〟と呼ばれています（逆に、とある対象を単純な要素の集まりとして捉え、それを各要素に分割・分析した上で統合しようとする考え方は〝単純系〟と呼ばれることがあります）。

私たちの命は一度分解した後にそれを繋ぎ合わせたところで元に戻ることはないように、我々人間一人ひとりの生命そのものが複雑系なわけですが、自然界はもちろん、人間社会においても様々なところで複雑系が存在しています。その代表例として挙げられるのが、会社における組織そのものです。組織とは、様々な（複雑系である）人がとある目的の下に集まって出来上がり、多様な人同士が相互に影響し合って形づくられているものであるため、元来の性質上、複雑系そのものなのです。

　組織が複雑系の性質を帯びている以上、本来、組織を使って経営する手法自体も、複雑系を前提とした経営を行った方が良いはずです。

●フラットなネットワーク型組織

　この複雑系の考え方を経営に活かすとすると、どのような組織にする必要があるでしょうか？　グロービスでは、この複雑系の考え方に基づいて組織づくりをしていますので、その要点をご紹介していきます。

　私はこれまでに多くの企業を見てきましたが、大企業になればなる程、当然のごとく職位の数が多く、多階層構造の組織になっています。それは貢献してくれている社員に対する処遇として職位を上げる形で報いてきたがための結果なのですが、組織は階層が増えれば増える程、意思伝達に時間がかかるため、スピードが遅くなっていきます。実際に、私には、この多階層の組織構造が大企業の動きを遅くする大きな要因になっていると感じます。

では、どのような組織にすれば、組織の成長に伴い大規模化していったとしても、スピードを鈍化させることなく俊敏な動きを維持できるのでしょうか？　私は、組織は縦方向に長く大きくしていくのではなく、横方向に拡げていくことが望ましいと考えています。具体的には、組織における階層を極力少なくして、フラットな組織体にすることが必要です。いわゆるピラミッド型の組織にしてしまうと、ピラミッドの頂点と最下層との間に幾重もの階層ができてしまうため、意思や情報の伝達にものすごく時間がかかってしまいます。

更には、時間がかかるだけでなく、酷い場合には意思伝達ができないことで、それぞれが異なる情報に基づき異なる景色を見ていることも珍しくありません。また、組織が多階層化することは、その組織の中でのコミュニケーションの質やスピードが落ちるだけでなく、各部門内のコミュニケーションが上下関係を中心としたものになりやすく、部門間のコミュニケーションが希薄化し、サイロ化（部門毎に個別最適化が行われ、部門と部門の間に壁が生じること）を助長することにもなります。

グロービスと同等の組織規模の会社であれば4～5階層くらいに分かれている組織が多いですが、グロービスでは、組織における主たる階層（職位および権限規定）を部門リーダーとチームリーダーの2階層（職位の無いメンバー層を含めて3階層）のみに限定しています。こうすることにより、経営と現場とで互いに持っている情報を頻繁かつ高速にやり取りすることができるようになります。同一組織内の承認プロセスも最大でも2段階のみとなるため、瞬時に物事が決まっていきます。よって、グロービスでは、縦方向に伸びるピラミッド型の組織ではなく、横方向に伸びるフラットな組織を維持し続けることで、各部門・各チーム同士がいつでも繋がり連携することができるネットワーク型の組織にしています。つまり、組織が大きくなっても、いたずらに階層を増やすのではなく、柔軟かつ俊敏に動ける組織を維持することが重要です。

●理念経営

では、複雑系の考え方を活かした組織にするためには、階層を少なくしさえすればそれで十分かというと、そうではありません。もちろん、階層は少ないに越したことはないですが、組織の構成員が「上からの指示がなければ動けない、動かない」という指示待ち状態では、その組織に俊敏な機動力が生まれてくることはありません。

機動力高く俊敏に動ける組織であるためには、各人が、人に言われて初めて動き出すのではなく、誰に言われるでもなく主体的に物事を考え自発的に動けること（いわゆる自律型人材）が必要です。昨今は、多くの企業が社員に自律型人材になってくれることを期待していますが、なかなか実現にこぎ着けていないのが実態です。

また、仮に一人ひとりは主体的に動けていたとしても、それがあまりにもバラバラな動きになってしまうと、せっかくの各人の力が分散し、組織としては纏まりを欠く動きになってしまうことでしょう。

各人が自律的に考え自由に動きつつも、全体として纏まりのある動きができるようになるために不可欠なことがあります。それは、その組織が大切にしている理念やパーパスの浸透です。人は、拠って立つ何かがあるからこそ、安心して動けるようになるものです。また、組織は、拠って立つ共通のエッセンスがあるからこそ、一体感を出すことができます。このような組織の拠り所となる重要な理念を実現・浸透させていくことを重視する経営のことを理念経営と言います。なお、昨今は組織の目的を明確にすることで「自分たちは何のために存在するのか？」を明らかにすることの重要性が謳われるようになり、その文脈において〝パーパス経営〟という言葉が出てきていますが、これは根本的には元々言われていた理念経営と同根と捉えて頂いてよいでしょう。

●グロービス・ウェイ

グロービスの場合は、ビジョン・ミッション・経営理念・事業指針・行動指針を纏めた基本理念と、各機能別に定義した機能別理念とがありますが、それらすべてを統合したグロービス・ウェイというものがあります。グロービス・ウェイは、グロービスにとって他のすべてに優《まさ》って最も重視される原理原則になっています。

　PROLOGUEにて、グロービスのビジョンや経営理念について触れたため、ここでは基本理念の中でも、スタッフ全員が日々の言動や判断の軸として持つことが求められる事業指針と行動指針をご紹介します。

　まずは、事業指針です。グロービスの事業を進めるにあたっては、必ず「3SCH」（図参照）という5つの指針に基づいて、具体的な意思決定や判断を行っていくことが求められます。

　実際に、グロービスが現在提供している事業・サービスは、いずれもこの事業指針に忠実に行われてきています。例えば、

図表5●事業指針「3SCH」

Stakeholder Satisfaction	社会、顧客、取引先、社員、債権者、株主等企業と関わりのある全ての会社・人々の満足度を高める。
Creativity	常にクリエイティブに。グロービスの独自性を出す。
Speed	事業展開・業務のスピードを重視する。
High Quality	常に高品質なサービスを提供する。
Systematic Expansion	相乗効果を発揮できる事業展開をシステマティックに行う。

High Qualityを担保するために、グロービスが提供するスクール事業や法人向けカスタマイズ研修サービスにお客様がご不満を感じた場合には、全額返金させて頂く「クオリティ・ギャランティ制度」を導入しています。教育サービスにおいて全額返金をするサービスは世界的に見ても稀有だと考えています。それ程にグロービスでは提供するサービスの品質に拘り抜いています。

続いて、行動指針です。グロービスのスタッフは全員が、日々、以下に掲げる7つの指針に基づいて、行動することが求められます。

●行動指針〝STRETCH〟

・Self-development

個人の能力を高めよう

・Time Management

時間管理を徹底しよう

・Responsibility
業務に対する責任を持とう

・Enthusiasm & Enjoyment
仕事に情熱を持ち、楽しもう

・Thoughtful Action
行動は早く、良く考えて

・Cooperation
皆で協力し合おう

・Heartful Communication
コミュニケーションは心を込めて

グロービスでは、年次評価の際に３６０度評価を行っていますが、その３６０度評価の評価項目が、この事業指針と行動指針に沿ったものになっています。よって、これらのウェイは掛け声として存在しているものではなく、このウェイの通りに日々の業務を遂行しなければ評価されない仕組みとして機能しているため、皆の行動の礎になっているのです。

グロービス・ウェイには、他にもリーダーに求める指針を纏めたリーダー・ウェイ、効果的・効率的なミーティングを行うためのミーティング・ウェイ、迅速な意思決定・コミュニケーションを行う組織文化を築くためのメール・ウェイ等、各種の機能別に定義した機能別理念があります。

例えば、メール・ウェイには「メールは、受信者の勤務時間で24時間以内には何かしらの返信をすること、24時間以内に返信無き場合は提案事項はＯＫであるものと看做し、そのまま進めて良いこと」が書かれています。これにより、事業指針で掲げている「Speed」を徹底的に追求できるようにしています。

これら機能別理念は、経営を取り巻く内外環境の変化に応じて、必要性に基づき策定してきたもので、先に紹介したワークスタイル・ウェイもその1つです。

●個の爆発

グロービスでは、これら一つひとつのグロービス・ウェイがしっかりとすべてのスタッフに浸透していることによって、各部門・各チーム・各人に積極的に権限を委譲することによって、各自が主体的に自由に動ける状態を創っています。自分が好きなことを好きなようにやれる環境を創ることこそが、個々人の能力を最大限発揮させることができる最善の環境だと考えているわけです。このように個々人の能力を最大限に解放し、思い切りやりたいことをしてもらってパフォーマンスを最大化させることを、グロービスでは「個の爆発」と呼び、全社員の「個の爆発」を強く促しています。

組織とは個の集合体であるため、組織を構成する一人ひとりの力をどれだけ最大化できるかが、組織の力を高める上で最も重要なことなのです。

●Waigaya

グロービスには、全スタッフに通知したいことや投げかけたいことを誰でも投稿できるようにしている仕組みがあります。その仕組み自体は非常にシンプルなもので、単に全社員が入っているメーリングリストがあるのみで、そのメーリングリストの名称をWaigayaと呼んでいます。この名称は、本田技研工業の有名なワイガヤ（「ワイワイガヤガヤ」に由来）から来るものですが、まさに組織内の誰もが肩書関係なくフラットでオープンなコミュニケーションができるようにしたものです。

グロービスのWaigayaは、投稿する人にも内容にも何ら制限をかけていないため、発信したい人が誰でも主体的に全社員に伝えたい内容や投げかけたいテーマを投稿することができます。よって、このWaigayaに流れてくる内容は、実に様々です。経営会議を含めた各種会議体の議事録もありますし、社内手続き関連の締め切りアナウンスもあれば、通常の入退社や人事異動等の人事関連情報もあります。また、そうした業務に直接関連する情報だけでなく、新入社員が自主的に自己紹介文を流すことにも使われますし、グロービスが持つプロバスケットボールチームである茨城ロボッツの試合結果や応援ツアーを募集するメールなども流れます。更には、各スタッフの誕生日を祝う内容が自動配信されるため、誰が今日誕生日なのかを全スタッフが認識することができるようにしています。これをきっかけにして、周囲のメンバーから誕生日の方に祝福の声をかけることができ、スタッフ同士のコミュニケーションの活性化にも寄与しています。

このWaigayaという仕組みはとてもシンプルではあるものの、これがあることの効用は非常に大きく、この1つの仕組みがあることで、次に挙げるような複数の良い効果を生み出しています。

1つには、全スタッフが共通の情報を瞬時に得ることができるため、スタッフ間での認識の齟齬が発生しにくくなります。経営においては日々内外の環境が移り変わっていくため、次々と新たな情報が生まれてきます。そうすると、昨日伝えたこととは異なることを今日伝える必要が出ることもありますし、これまでの方針を大きく軌道修正させることが必要になることもあります。そんな時にこのWaigayaがあることで、一瞬にして全スタッフに新たな情報を正確に届けることができます。

多くの会社でイントラネットのような形で全社に情報を掲示する仕組みがあるとは思いますが、イントラネットだと情報を取得しにいく行為を各人に委ねることになってしまうため、どうしても人によって情報格差が生まれてしまいます。このWaigayaの良いところは、プッシュ式で情報が配信されてくることで、自ら情報を取得しにいかずとも必要な情報が全員に等しく入ってくることにあります。

そして2つ目に、誰でも制約なく全体に対して投稿できることから、社員の主体性を引き出すことにも繋がっています。グロービスは、「自己実現の場の提供」を経営理念に掲げ、「個の爆発」を促す組織のため、個々人の考えを内に留めおくのではなく、どんどん積極的にその思いや考えを出してもらうことを推奨しています。その中で、どこに出せば良いか分からない情報であったとしても何でも出して良いとされる場があることは、個々人にとっても有り難いものになっています。

そして3つ目に、多様な視点に基づく意見を吸い上げたり、それを各種意思決定に繋げたりすることにより、組織全体の創造性を発揮させやすくする効果があります。先に触れた通り、経営に関わる主要な会議体の議事録がこのWaigayaに流れてくるのですが、グロービス・ウェイの1つであるミーティング・ウェイにて、不参加者が異議を唱える場を確保すること、また意思決定に不服がある場合には速やかにWaigayaにその旨を伝えることができることが記されています。

要は、会議に参加していない人であっても、誰もが平等に組織の意思決定に対して異議や不服を申し出ることができるのです。こうすることで、その会議の決定内容よりも更に良い手法を思いつくようであれば、その意見を尊重して、どんどん良い意思決定を模索することができるようにしています。

4つ目に、業務に直接的に関連しない内容も流れてくることで、気分転換も含めて、自分の視野を広げたり、個々人の視点を変えたりすることに繋がっている側面もあるように感じています。仕事というものは、どうしても目の前の業務に集中すればする程、視野が狭くなってしまうことがあります。そんな時に自分の業務とは異なる情報が流れてきたり、緊張感を解放させてくれるような情報が飛び交うことで、自分の狭い視野の中に煮詰まり過ぎることなく、新しい切り口に気づくことができたり、自分の業務の意味づけを変えることで新たな発想に繋がったりすることがあります。

●生態系（エコシステム）

ＰＲＯＬＯＧＵＥにてご紹介したグロービスのビジョンには、〝生態系〟という言葉が出てきました。生態系（エコシステム）という言葉の元々の意味は、自然界における生物や環境が互いに関連し合って成り立っているシステムを指します。グロービスはビジョンの中でも「ヒト・カネ・チエの〝生態系〟」という表現を使っていますが、グロービスの組織自体もまさに〝生態系〟そのものと捉えることができます。

先に、グロービスは複雑系の考えに基づくフラットなネットワーク型組織であることは伝えましたが、それ以外にもグロービスは社内と社外とが極めて薄い線引きになっている点も特徴的です。

例えば、グロービス経営大学院においては、初期に受講する科目に対しては、メンターというクラスの盛り上がりや受講生同士の繋がりを活発化するための役割を設けています。そのメンターは、グロービス社員が担うのではなく、グロービス経営大学院の卒業生を中心に過去にグロービスのクラスを受けた方々が担われています。また、同じく卒業生らが自主的に「グロービス経営大学院開校15周年を祝した交通広告」を出してくれる程、在校生や卒業生が単なるお客様としてだけではなく、共にビジョンを同じくする同志として協力して下さっています。

他にもＧ１サミットを始めとした各種Ｇ１の活動自体もグロービスだけで行っているわ

けではなく、外部の第一線で活躍をされていらっしゃる有識者の皆様と共に創り上げている場になっています。

このように、グロービスは非常に外に開かれたオープンな組織になっており、実際にグロービスで講師をして頂いている方々の約半数は社外のビジネスの第一線で活躍されている方々となっています。

SECTION 3 ダイバーシティ溢れる経営

グロービスでは、組織の多様性を担保するための考え方として「ダイバーシティ・ウェイ」を定めています。この「ダイバーシティ・ウェイ」では、国籍、性別、宗教、年齢、性的指向等の違う異能・異質な人材を積極的に採用し、多様な「個」が輝く柔軟な組織を構築することを謳っていますが、実際にそれらの差異を気にすることなく、様々な雇用契約形態、バックグラウンドの方が活躍されています。

●様々な雇用形態・働き方

まず、グロービスでは、働き方に関して個人の意思を尊重するべく、正社員・契約社員・定期契約社員・派遣社員・アルバイト社員・業務委託契約のいずれの働き方をも、個人が自由に選択できるようになっています。もちろん、それぞれの契約形態によって、求められる条件や得られる権利は異なりますが、皆同様に〝価値創造に貢献している同志〟としてビジョンの実現に向けて協働しています。よって、引き続きグロービスのビジョンの実現を共に目指したいものの、働き方・働く時間を変えたい時には、契約形態を変えて働き続けられる方が沢山います。

例えば、経営メンバーだった人が途中から業務委託契約に切り替えるケースは稀なことではありませんし、派遣社員だった人が正社員に切り替わるケースは頻繁にあります。また、グロービスには「外部講師」や「パートナー・ファカルティ」という枠組みがあるため、グロービスの元社員が退職後に異なる場に身を置きながらも継続的に価値を共創してくれるケースが多くあります。

それから、グロービスは、退社した方が再入社する、いわゆる〝出戻り〟も歓迎している組織です。実際に、一旦はグロービスから他の会社に転職した方の中には「一度他の組織に移ってみて改めてグロービスという組織体の素晴らしさに気づかされる」と言ってくれる方が多くいます。このうちの一定数の方が、実際にグロービスに戻ってきてくれますが、外の環境を知ったからこそ、より一層グロービスに対する想いを高めた形で再入社されます。

今後は、ライフステージや家庭環境によって、色々な働き方を提供できる会社でなければ多くの人を惹きつけることは、一層難しくなっていくことでしょう。

●ジェンダーフリーな組織（男性社員数＜女性社員数）

ダイバーシティに関しては様々な切り口がありますが、いくつかの代表的な切り口でお伝えすると、まずは性別の観点があろうかと思います。世界経済フォーラム（ＷＥＦ）が２０２３年６月21日公表した「ジェンダーギャップ（男女格差）リポート」で、日本は１４６か国中１２５位、Ｇ７（先進7か国）の中では１００位以内に入れていないのは日本のみ、という不名誉な状態に甘んじています。

実際に多くの企業において、まだまだ女性の活躍が進んでいるとは言い切れず、女性活躍推進の取り組みを意識的に取り入れることを通じて何とか対応している、というのが実態かと思います。

それに照らしてグロービスの実態をお伝えすると、女性活躍といったジェンダー的な観点で組織のあり様を考えることがない（考える必要がない）というのが正直なところで、ごくごく自然体で多くの女性が活躍されています。全社的に男性社員よりも女性社員の方が多く、性別における組織上の問題や仕事のやりにくさといった話を聞いたことがありません。

全社員における男女比率だけでなく、２０２３年7月時点で、経営メンバーの約半数を女性が占めています。正直、グロービス社内だけを見ていると、なぜ「女性活躍」の必要性が声高に言われるのかが分からなくなる程、性差に関係なく誰もが活躍できる組織が実現できています。

●国籍数20か国を超えるグローバル組織

もちろん、ダイバーシティはジェンダーに関わるものばかりではなく、他にも様々な観点があります。代表的な切り口としては、組織のグローバル化度合いを考える観点として、社員の国籍数があるでしょう。

グロービスの社員数は２０２３年現在で８００名近くになりますが、その在籍者の日本人以外の国籍数は26か国と地域（アイルランド、アメリカ、イギリス、イタリア、インド、オーストラリア、カナダ、韓国、シリア・アラブ、シンガポール、スペイン、スリランカ、タイ、台湾、中国、ドイツ、フィリピン、フランス、ブラジル、ベラルーシ、ベルギー、ポーランド、マレーシア、南アフリカ、リトアニア、ルーマニア）となり、毎年着実に増えてきています。

グロービスは日本発の会社ですので、まだまだ日本人の比率の方が高いのですが、世界5極（日本、アジア、中国、米国、欧州）に拠点を築き、これから世界No.１を目指すにあたって、今後はより一層、海外国籍の社員が増えていくことでしょう。

●本質的な障がい者雇用

加えて、ダイバーシティの切り口としては、国が後押しをしている障がい者雇用についても触れておきたいと思います。グロービスでは、障がいをお持ちの方々にも沢山ご活躍頂いています。もちろん、障がい者の法定雇用率も達成しています（2023年時点）。

現在は、多くの企業で障がい者雇用を実施していますが、まだ法定雇用率を実現できている企業は約半数に過ぎないとのデータが出ています。また、法定雇用率を達成できている企業でもその実現の仕方は、農業などの本業とは関係のない事業に従事する障がい者の方を雇うことで法定雇用率を担保しようとする企業も少なくありません。

グロービスは、障がい者の方々にも健常者と同様に、私たちが実現したいビジョンの実現を果たしてくれる仲間としてご活躍頂けるように本業の職種のみで採用し、同じ職場で一緒に仕事をしています。これからは、いかに本業において障がいをお持ちの方にもご活躍頂ける機会を提供していくかが問われる、そんな時代になってくるのではないでしょうか。

SECTION 4

日本トップクラスの働きがいとメンタルヘルス

●働きがいのある会社　10年連続ベストカンパニー

世界約１００か国での従業員意識調査をもとに「働きがいのある会社」認定・ランキングを発表しているGreat Place to Work®による調査結果で、グロービスは10年連続で「働きがいのある会社ベストカンパニー」に選出頂いています。

ちなみに、Great Place to Work®の「働きがいのある会社」とは、〝マネジメントと従業員との間に「信頼」があり、一人ひとりの能力が最大限に生かされている（For All）会社のこと。優れた価値観（バリュー）やリーダーシップがあり、イノベーションを通じて財務的な成長を果たすことができる〟と定義されています。

２０２３年に10年連続でベストカンパニーに選出された企業は3社のみとのことなので、非常に高いレベルで持続的に自己実現ができる環境を創り維持できていると言えるのではないでしょうか。

これはひとえに、経営理念における「自己実現の場の提供」を具現化してきた結果だと捉えています。

●驚異的なメンタルヘルスの良好さ

グロービスでは、毎年、社員個々人のメンタルヘルス疾患を予防し心身ともに健康なウェルビーイングな状態を維持できるように全社員にストレスチェックテストを受けてもらっています。この結果が、メンタルヘルスチェックにおける先駆けである総合心理教育研究所の佐藤隆先生によりますと、「グロービスは、組織全体で、〝異常値〟とも受け取れるような、他では見られない程の驚異的に良い数値が出ている」とのことなのです。

昨今は、「自律型社員」「変化適応型組織」「ダイバーシティ溢れる組織」「ウェルビーイングな組織」など、ありたい組織像についていくつかのキーワードで語られるケースが増えてきています。グロービスは、このいずれをも実現できている組織ですが、これらをすべて実現できている組織はまだまだ稀有であることを感じています。

本章では、グロービスが大事にしている「複雑系の経営」や「ネットワーク型組織」、そして「個の爆発」といった、理想的な企業システムを実現する上で大切にしている経営および組織における考え方をご紹介してきました。

以降の章ではいよいよ、こういった組織を創り上げるにあたって必要となる様々な経営上の仕組みやHRの諸施策を具体的に紐解いていきます。

CHAPTER 2

組織設計・組織管理

本章では、CHAPTER 1で記したグロービスの経営や組織のあり方を実現する上で大切な組織設計や組織管理に関する基本的な考え方を説明します。

グロービスには人・組織に向き合う考え方を纏めたHRポリシーがあります。本章はそのHRポリシーの根幹を成す基本指針・基本精神に該当するため、本書の中でも非常に重要な中核的位置づけを成しています。

よって、本章は、CHAPTER 3以降の具体的なHRにおける各機能の説明に入る前の全体感として捉えてください。

SECTION 1

組織設計の基本指針

●「変化と変革」を前提

企業には様々な変化が訪れます。経営を取り巻く外部環境しかり、企業の成長ステージの変化もしかり、ビジョンや戦略の変化もしかりです。例えば、外部環境１つとっても、政治面においても、経済状況においても、日々刻々と移り変わっていきます。

政治については、国内政治に留まらず、国際政治の状況はロシアによるウクライナへの侵攻、そして米中の対立構造の行方等、地政学的な観点だけでも目が離せない状況です。経済においても、サプライチェーンにおいては地政学的観点に基づく政治の影響は大きく受けますし、為替の変動からも目が離せません（２０２２年10月には、１９９０年以来32年ぶりに１ドル＝１５０円を突破しました）。最近はインフレの状況も見逃せません。

また、社会情勢に至ってはコロナウイルスの影響は記憶に新しいですが、引き続き絶え間なく揺れ動いていきます。更には、昨今の技術の進歩はインターネットの登場以降、スマートフォンの誕生、ＣｈａｔＧＰＴに代表される生成ＡＩの登場と、日に日に加速し、様々な業界構造を変化させています。加えて、災害を始めとした自然環境の変化に対する対策や、地球環境の維持についても経営における重要なイシューになってきています。

昨今は、ＶＵＣＡの時代だと言われる通り、変化の大きさ・頻度・不透明度が高まっているため、変化への適応が非常に大事になってきていることは言うまでもないですが、グロービスは、初めから「変化と変革」を前提にした組織づくりをすることに決めています。

私が法人のお客様相手に組織開発のお手伝いをさせて頂く中で多くの企業が直面する組織課題は、新しい戦略を実現するためにも組織を大きく変えたいのだが、「なかなか変えられない」とか、「変えるためには時間がかかる」というものです。これはまさに硬直的な組織に共通する悩みですが、初めから「変化と変革」を前提に組織をつくっていないことが原因だと感じています。いつでも変わる組織、変われる組織の状態を維持することは、「言うは易し、行うは難し」なのではないでしょうか。

●「Speed & Flexible」の重視

「変化と変革」を前提とした組織を創るのであれば、変化を常態化していくことが重要となります。よって、グロービスの組織設計にあたっては「スピード」と「柔軟性」の2点を強く意識しています。

まず、環境変化が激しい時代においては、「スピード」は大きな競争優位の源泉になります。経営の世界においては、そっくり同じことを行うならば、早い者勝ちで勝敗が決します。事業のスピードは結局、組織の変化スピードの速さに準じます。であるならば、だらだらと時間をかけて組織をつくっていくのではなく、意思決定されたら瞬時に組織を動かすべく実行していくことが必要になります。

それから、「スピード」と同等に重要になるのが、「柔軟性」です。組織は一度つくったら、そのままの状態を維持し続ければ良いものではありません。環境変化に応じて、どんどん組織のあり方を変えていく必要があるわけですが、そこで重要になるのが柔軟性ある組織をつくれているかどうかです。

柔軟性高く変化させていくためには、どのような組織づくりをしておけばよいのでしょうか？　グロービスでは、組織の硬直性を排除するためにも、適度な組織のゆらぎを演出することで、組織の柔軟性を担保しようとしています。では、この〝組織のゆらぎ〟とは、どんなことでしょうか？

組織というものは、ずっと同じメンバー、同じ期待役割、同じ業務内容をしていれば、自然に硬直化してきてしまうものです。また、各組織の役割をきっちり細かく定義すればする程、自組織の守備範囲は明確になりますが、逆に言うとその守備範囲を超えることは取り組もうとはしなくなるものです。ところが、好むと好まざるとに関係なく環境変化は訪れますので、自然と組織をつくった当初には想定し得なかった新しい役割が必要になることが出てきます。その時に守備範囲を超えるようなボールを誰かが拾ってくれることが必要になるわけですが、もし組織をかっちりとつくり込んでしまっていると身動きが取れなくなってしまうのです。

組織には、組織図と呼ばれるものが存在しますが、グロービスでは全社としての細かな組織図を作成していません。それは、各組織のカバー範囲や仕切り箇所を固定化するのではなく、複雑系における有機的な組織として必要な判断を現場主導で行い、その結果としてどんな環境変化に対しても適応できる組織にしておきたいためです。そのためには、組織図はなくてはならないものではないのです。もし作成するにしても、組織の役割を細かく限定し過ぎることなく、お互い組織の線引きを実線で区切るような組織図ではなく、いつでも越境できるように点線や薄い線で区分けしておくような組織設計の方が望ましいでしょう。

●「Close」ではなく「Open」の追求

組織は放っておくと、どうしても内側ばかりに意識が傾く慣性が働くものです。これに対して、グロービスは多くの方々とネットワークを組むことで、優秀な外部の力を有効に活用していくことを追求する組織にしています。あくまで内製主義に拘る会社もありますが、グロービスはそれとは真逆のスタンスを取っており、社の内外問わずにどんどんネットワークを広げて、外部の知見・力を有効に活用することで、価値の最大化を図ることを重視しています。そのためには、外に開かれたオープンな組織体である必要があります。

また、グロービスでは、至る所で頻繁に勉強会が自主開催されます。私たちは経営教育を提供する組織のため、自分たちが学び続けることが当たり前の風土になっているのですが、その際のスピーカーは内部の人間に限らず、各スタッフが個人的な社外ネットワークを活用して、どんどん社外の方にお願いしています。

やはり、内輪の人間だけで情報を交換し合っていても得られる情報の範囲や種類には限界がありますし、いつの間にか世の中の変化についていけずに、井の中の蛙になってしまいかねません。グロービスは、最先端のナレッジに触れ続けることで、世の中の流れを察知し俊敏に動ける状態を確保すべく、外部との繋がりをとても大切にしています。

このように外に開かれたオープンな組織にすることは、社外との繋がりという側面だけでなく、社内における情報の還流という観点においても重要です。CHAPTER 1のWaigayaのところでも記載した通り、グロービスでは経営会議の議事録もすべてオープンにしています。オープンにしない情報は個人情報のみとし、それ以外は各部の業績もお客様の生の声もすべて全スタッフにオープンに開示しています。これにより、部門を超えた協働体制が取りやすくなります。また何よりも、立場の違いによる情報格差を一切生むことなく、全員が同じ情報を基に適切な判断が下せるようになるため、この効用はとても大きなものであると感じています。

会社・組織によっては、上層部と現場とで持っている情報に大きな差がある場合があるでしょう。たまに、そういった情報格差を武器にしたマネジメントをしている組織を見ることがありますが、これは決して望ましい組織のあり方ではないでしょう。

まず一部の人にしか知り得ない情報によってその人にしか判断ができない状態をつくってしまっているのであれば、その構図自体がアンフェアです。加えて、その情報を持たざる立場の人は適切な判断をするために必要な情報がないため、各現場で最適な判断をすることはできなくなります。そうすると、上の判断を仰がないと物事が進まなくなるため、組織全体のスピードは低下していきます。また、適切な情報がなければ、主体的に動いたとしても良い結果を出せる確度は減っていきますので、うまくいかないことが増えてきます。すると、どうしても的確な判断ができる上からの指示を待つような待ちの姿勢が定着していきます。これでは、当然ながら自律型人材は育ちません。

昨今は、多くの企業で自律型人材を育成することの重要性が叫ばれていますが、自律型人材が育っていない1つの要因には、然るべき情報がオープンになっていないことが挙げられます。皆さんの会社では、どのくらいの情報を全社員に開示できているでしょうか？

●「権限委譲」の推進

物事を判断するのに必要な様々な情報をオープンにすることで、全社員に必要な情報を届けられたら、それだけで変化に対して全員が自律的に動けるかというと、そうではありません。情報のオープン化に加えて必要となるのは、権限委譲（エンパワーメント）です。要は、いくら情報を与えて色々考えられる機会を付与したとしても、結局何かを意思決定したり、自ら実行したりできるような権限を持っていなければ、行動に移すことはできません。結果として、その開示した情報は宝の持ち腐れとなってしまいます。

グロービスでは、各部門・各チーム・各人に積極的に権限を委譲し、各自が主体的に動いてもらうことを促進しています。ここでは、それぞれの単位において、具体的にどのように権限委譲しているかを説明します。

まずは、部門単位の権限委譲についてです。グロービスは、事業部制の組織構造を取っているため、基本的には各事業部が独立採算で部門経営を担っています。グロービスの全社ビジョンに基づいて各部門が主体的に自部門のビジョンを策定し、そのビジョンの実現に向けて戦略を定め、その戦略を実現させるための組織を創っていきます。よって、どのポジションにどういった人材を何名採用するかといった採用方針も部門で決めることができます。

また、部門経営にあたり必要となる経営企画機能も全社を統括する形で集約するのではなく、部門内にその機能を持つ形を取っています。バックオフィス機能としての経営管理部門は事業部とは別に存在しますが、そこで戦略や組織づくりに関する中央集権的な管理をするのではなく、各部門が主体的に部門を経営することを前提としています。そのため、グロービスの経営管理部門は各部門が経営をしやすい環境を維持・向上するという役割を担うまでに留め、その他多くの意思決定は各事業部で行えるようにしています。

続いて、各チームへの権限委譲についてです。部門を構成するのは、各チームであることから、一つひとつのチームが組織として機能し、成果を出すことが非常に重要です。そのために部門リーダーは、チームリーダーと部門のビジョン・目標・戦略方針について徹底的に擦り合わせを行った上で、各チームにおける落とし込みにあたってはチームリーダーに全権を委譲します。そうすることで、チームリーダーが主体的に最適なチーム戦略を練り、具体施策に落とし込めるようにします。

その上で、各人（チームメンバー）への権限委譲を行います。グロービスは「個の爆発」を促し、個々人の自己実現を促す組織であるため、やりたいことや挑戦してみたいことを個々人に確認し、本人にその意志があれば、どんどん権限を渡し、取り組んで頂きます。例えば、私が各メンバーの業務アサインを決める際には、各人のキャリアビジョンやモチベーションの源泉を確認した上で、それに資する機会をどんどん付与していきます。

これに関して、実際に私がチームリーダーをしていた時代のエピソードをご紹介します。私は、グロービスに入社してまだ2～3か月程しか経過していない部下との1on1の面談で業務における感想を訊いたところ、「私は、○歳までには、マネジャーになっていたいのです。女性として

図表6● プロフェッショナル職掌における資格（タイトル）区分

資格区分	相当職位
マネジング・ディレクター	部門リーダー（経営メンバー） もしくは部門サブリーダー
ディレクター	複数チームの統括リーダー
マネジャー	チームリーダー
シニア・アソシエイト	チームリーダー／チームリーダー代行
アソシエイト	メンバー

〇歳までに結婚して子育てをしたいと思っていますが、そうすると〇歳の頃には産休・育休に入り一旦キャリアが止まってしまうので、それまでにきちんと成果を出してマネジャーになっている必要があります。なので、内田さんの持っている仕事をできる限り私にください」と言われました。私なりにその部下の成長を促すべく、元々ストレッチした課題に取り組んでもらっているつもりだったため、この反応にはとても驚きましたが、そこからは自分が持っている仕事をすべて伝え、本人が取り組みたい仕事を自由に選び取ってもらうようにしました。

このようにグロービスでは、意志がある人にはどんどんエンパワーをして、本人の能力開発を促しつつ、自身の自己実現に向けて邁進してもらうことで「個の爆発」を促し、結果としてチームの成果に繋げる組織設計をしています。

SECTION 2

組織管理／コントロールシステム

●基本精神：性善説に則った自由と自己責任の原則

ここで、グロービスのスタッフ全員が共通認識で持っているグロービスらしさを表す言葉を紹介します。それは「性善説に則った自由と自己責任」という言葉です。これは、グロービスを象徴する言葉であり、グロービスのＨＲポリシーにおける中核を成す基本精神となっています。

私がグロービスに入って、まず驚いたことが、あまりにも自由な環境だったことです。多くの会社には当たり前に用意されているような規則やルールといったものがほぼ存在しませんでした。もちろん、労働基準法を始めとした各種法律に準拠すべき内容については就業規則として最低限のラインは設定されていますが、そこから更に練り込んだ会社独自の規則やルールといったものが皆無に等しいのです。

例えば、グロービスにも決裁権限に関する最低限の規定はあります。チームリーダー未満の正社員であれば、その決裁権限基準は「1案件あたり3万円以内」と定められてはいますが、それ以上の制約条件や利用ルールは一切明記していません。つまり、この金額基準以内に収まっていれば、新入社員であろうと誰であろうと、自分が業務に必要だと判断したのであれば、他者の承認を得ることなく決済をすることができるようになっています。

多くの会社では、決済にあたって逐一上長の承認が必要であったり、そうでない場合は利用目的や利用用途に関して細かくルールが定められていたりするのではないでしょうか？　この決裁ルールはあくまで一例ですが、グロービスには悉《ことごと》く細かな規則／ルールがないのです。

元来の私は「自由」であることの価値観を大切にしているタイプではあるのですが、グロービスの自由度は、これまでに数多見てきた会社・組織とはあまりにも異なっていたので、最初はさすがに戸惑いを感じたことを憶えています。今思えば、それまでに様々な規則／ルールに囲まれた社会人人生を歩んできたがために、自分の中でいつの間にか、組織というものは規則／ルールがあること自体が当たり前だと思うようになっていたのでしょう。皆さんの会社では、どのくらいルールを最小化することができるでしょうか？

●ルールはなぜできるのか？

ここで、どうして世の中には様々な規則やルールができるのか、ということについて考えてみましょう。それは、おそらく「秩序を保つために必要だから」ということでしょう。実際に、もしも規則やルールがなかったら、色々と想定外の事件が発生し、組織は大きな混乱を招くかもしれません。そうした混乱状態やカオスな状態を回避するために、規則／ルールは定められます。

つまり、組織において規則／ルールが出来上がる思想的背景としては、その組織が「人を〝性悪説〟的に見ている」という言い方ができるでしょう。要は、組織としては、規則やルールを明記（違反した場合には罰則が科されることを明示）することによって、その規則／ルールに抵触しないように（組織にとって望ましくない行動をとることがないように）人の行動をとある範囲内に収まるようにコントロールしようとしているわけです。このように、問題を発生させないためにも、規則／ルールというものは組織において必要だ、という論理が成り立ちます。

ただ、規則やルールがあることの効用はその通りだとしても、物事には正の側面と負の側面という両面があることを忘れてはいけません。規則／ルールの正の側面が、秩序を保つために人の行動をコントロールできることにあるとしたら、逆に負の側面とは何でしょうか？　それは、「人の考えや行動がどんどん規則やルールに抵触しないように縮こまっていく」ということです。これにより、個々人が本来持っている可能性を解き放つことができないばかりか、その方の持っている長所や特異な能力を活かすこともできなくなってしまいます。

これは組織にとってはとてつもなく大きな損失になってしまいます。しかも、この損失は機会損失（本来であれば獲得できていた機会を失っている損失）であるが故に、目に見えることもなければ実感もしにくいため、より質《たち》が悪いのです。つまり、組織に目に見えるような混乱が起きていないため、その無風状態をあたかもとても良い状態であるかのように勘違いさせてしまうのです。

ところが組織というものは、何も波風が立っていない無風状態が良いわけではありません。どんどん外部環境が変わっていく中において、いかに自組織がその変化に負けることなく絶えず変わっていけるかが重要なわけです。その中において、組織の構成員である一人ひとりが規則／ルールに抵触しないように縮こまっている状態で果たして良い変化を起こせるのでしょうか？

●性善説に則って人と向き合う

グロービスでは、「個の爆発」を促すことを大切にしていると述べました。自分がやりたいと思ったことを躊躇することなく思い切り挑戦して頂くためには、人の考え・行動を抑制する方向に働く規則やルールというものは、少ないに越したことはないと考えています。なので、グロービスでは、規則／ルールを最小化した経営を行っています。

そのために必要なことが「人を〝性善説〟で見る」ことです。つまり、自社の社員のことを、「自由に好き放題にやってもらえれば、勝手に良いことばかりを行ってくれるはずだ」と思えるかどうかが鍵になります。おそらく、このように性善説で社員を見るスタンスに振り切れるかどうかが、規則／ルールを最小化した経営ができるかどうかの最大の難所であり、各社のスタンスを分ける分水嶺になると考えます。

グロービスがなぜ性善説に振り切った考え方が持てるかというと、それは性善説に則って接しても何ら問題がないと思われる方しか採用していないためです。グロービスに入社されてくる方々は皆、グロービス・ウェイに対する強い共感を持って入って来られます。私たちは、このグロービス・ウェイは社会善に立脚したものと信じていますので、「このグロービス・ウェイに共感・共鳴されている方に悪い人がいるはずがない」というスタンスに立つのです。

要は、性善説のスタンスで経営できるかどうかは、まずは自社が掲げるビジョン・ミッション・経営理念・行動指針といったウェイがどれほど社会を善くしていくことに繋がっているかの確信を持てるかどうか、そしてそのウェイをどれだけ全社員に浸透できているかどうか、更にはそれが採用という場面においても徹底されているかどうか、に拠るものと考えます。

●Management by value

「性善説に則った自由と自己責任」の精神で人と向き合うことができると、経営として何が嬉しいかというと、思い切った権限委譲ができるようになります。本人が望むことを任せてしまえば、あとは勝手にその人なりのベストを尽くして主体的に取り組んで頂けるので、上司からすれば事細かく指示を出す必要がなくなり、マネジメントコストが劇的に下がります。

管理統制型のマネジメントや、上意下達型のマネジメント・スタイルを取っている会社組織も多いですが、こういったマイクロマネジメントと呼ばれる手法には、メンバー個々人・マネジメント層・組織、それぞれにとって見過ごせない大きな問題が潜んでいます。

まずは、メンバー個々人にとっての視点から考えてみましょう。マイクロマネジメントによって常に事細かく出された指示・命令に基づいて忠実に動く働き方というのは、本人にとってどれ程楽しくやりがいを感じられるものでしょうか。本来、人は一人ひとりが自分の考えをもって自由意志に基づいて生きたい生き物のはずです。それなのに、年次や職位の低さを理由に自由意志を尊重されることなく、何でもかんでも上意下達型で業務指示・命令をされた通りに機械的に動くというのは、とても本人の意欲を引き出せるものではないでしょう。メンバー個々人としては、働けば働くほど肉体的にだけでなく、精神的にも疲弊していく一方です。

また、メンバー個々の意欲を引き出すことができなければ、各人の能力を十分に発揮してもらうことには繋がらないので、必然的に大きな成果は出にくくなることでしょう。これはそのメンバーにとって不幸なことであるに留まらず、組織としても大きな痛手となっているはずです。

加えて、マイクロマネジメントが当たり前になり、部下に事細かく業務指示を与えなければ動いてくれない構造が出来上がってしまい、マネジメント層はいつまで経っても楽になる（正確には、「楽になる」ではなく「より高度な仕事ができるようになる」）ことはありません。それは、部下としては自発的に動く必要性がなく、待っていれば自然と仕事が与えられてくるので、どんどん受動的な姿勢になっていってしまうためです。受け身姿勢の部下に能動的に仕事をしてもらうことは容易なことではないため、より細分化した業務を与えたり、より厳しく納期管理・進捗管理をしたりする必要性に迫られ、もっと高度な仕事に割く時間が無くなります。

このような自律型社員とは正反対の受け身型の指示待ち社員を生み出すようなバッドサイクルから抜け出すためには、命令や指示によるマネジメント（Management by order）ではなく、また規則やルールで縛るマネジメント（Management by rule）でもなく、価値観によるマネジメント（Management by value）の実践が必要になります。価値観によるマネジメントとは、To Do（やるべきこと）やタスクを管理するのではなく、組織として大事にしたい価値観を全メンバーが体現できているかどうかを管理するマネジメント手法のことです。

グロービスで言えば、まさにグロービス・ウェイの体現・実践ができているかどうかだけをしっかりと管理するわけです。つまり、グロービス・ウェイというフェアウェイに沿ってさえいるのであれば、それ以外のことに対しては変に口出ししたり管理したりすることなく、自由にやりたいようにやってもらうということです。このManagement by value

は究極的には、（従来の考えで言うところの）マネジメントを不要にするマネジメント手法という言い方ができると思います。

マネジャーというのは、その呼び名の通り、マネジメントをすることが求められる仕事であるわけですが、一般的に脳裏に浮かびやすいマネジメントの対象は、タスクであったり人であったりすることが多いのです。故に、特に初めてマネジメント業務に就いたマネジャーは肩肘張って、何でもかんでも自分で管理・コントロールしようとし過ぎてしまいがちです。

もちろん、それは責任感が強いことの表れでもあるのですが、その責任感の強さが逆に仇となり、メンバーのやる気を失わせ、結果的に持続的にパフォーマンスを出すことのできないチームをつくってしまうのです。

人的資本経営やウェルビーイングの重要性が叫ばれる昨今であるからこそ、今一度、「人を相手にするマネジメントとはどうあるべきなのか？」ということを問いただし、一人ひとりの意志ある人間の想いを大切にした、人間性に立脚したマネジメントを行う必要があるのではないでしょうか。その最善の手法が、Management by valueにあると私は考えています。

●個々人に求められる自由と自己責任

一方で、Management by valueがうまく機能するためには、マネジメント側の意識・スタイルがそれに適したものになることは必要不可欠ではありますが、実はそれだけでは十分ではありません。もう1つ重要な要素があるのです。それはメンバー個々人がしっかりと「自由と自己責任の原則」に則った行動をとることにあります。

まず、この「自由と自己責任の原則」における〝自由〟の意味合いについて確認しておきます。ここで言う自由とは、どんなことでも許されるような完全に無制限な意味での自由というものではなく、〝ある枠組みの中での自由〟になります。その枠組みというのが、グロービスの場合はグロービス・ウェイにあたります。要は、グロービス・ウェイに基づく行動をとっている限りは自由が認められる、ということです。逆に言えば、グロービス・ウェイから外れる自由は無いということでもあります。

そして、更にはグロービス・ウェイとして大事にすべき価値観・考え方の基準は示しているため、あとはその自由を謳歌すること自体も、その自由を謳歌した結果生じる結果に対しても、自ら責任を負うということで〝自己責任〟をセットで表現しています。つまり、自由と自己責任とは、どちらか一方だけが認められるものではなく、必ず2つで1つとして運用されるべきものになります。大人の自由には、大人としての自己責任が伴う、ということです。

ここまでを読んで頂いて、もしかしたら、グロービスは、自由に自分の好きなことをやらせてもらえるために、すごく人に甘い会社だったり、楽な組織だったりとお感じになる方もいらっしゃるかもしれません。ですが、グロービスは決してそういった甘く楽な会社であると言いたいわけではありません。寧《むし》ろ、自分の自由意志でやることを決めているからこそ、その結果に対してはしっかりと向き合い、自分で責任をとることが求められるのです。

〝自由〟という言葉は非常に耳当りの良い言葉です。ただ、本当に自由を与えられた人が自立心を持って自発的に行動し、自分を律しながら成果に繋げていく営みは決して簡単なことではありません。寧ろ「自由の名の下に、何をどのように取り組むかを自ら考え行動する」ことを求められるよりも、「ただ言われたことをしっかりとやる」ことの方が好きだったり得意だったりする人の方が多いかもしれません。

ここで、1つこの「自由と自己責任」に纏わるエピソードとして、私自身の若かりし頃の苦い経験を共有します。私がグロービスに入社後、半年が経過した頃のことです。当時、私は法人向けの企業内研修事業に携わっており、自分がお客様の最前線に立ってその人・

組織上の課題を解決するためのソリューションを提供すべく、人材・組織開発コンサルタントとして独り立ちしようとしている頃でした。

私が担当したお客様の中には、世界中に拠点を構える形でグローバルに事業を展開している会社があり、そのお客様から「世界各拠点のリーダーを集めて一堂に会する研修を日本で開催したい。そして単に研修をするだけでなく、本社見学をして本社メンバーと交流したり、日本の文化に触れたりできるような場を提供したい」というご要望を頂きました。

当時、新人コンサルタントだった自分にはそのご要望に対する解を持ち合わせていなかったことはもちろん、社内にある過去事例を見渡してもこのご要望に資するようなソリューションを提供した事例はありませんでした。そこで私は「自由と自己責任」を謳うグロービス内では、自分が誰を巻き込むかも考える必要があると判断し、グローバルビジネスに詳しいと思われた二人のマネジング・ディレクターとのミーティングを入れ、このような組織として未経験なご要望に対して、どのようにお応えするべきかを相談する場を設けました。

今思うと、これは〝相談〟とは言えず、単なる〝お伺い〟に過ぎなかったのですが、ノープランで「どう対応したら良いと思いますか？」と発した私に対してマネジング・ディレクターから返ってきた言葉は「内田さんは、どうしたいの？ まずは、アカウントマネジャーを任されている内田さんの考えを聞かせてよ。まさかノープランでこの場をセットしたわけじゃないよね？」というものでした。

この投げかけは、私にとっては頭をガツンと殴られたような衝撃があり、とても恥ずかしくもあり、情けない思いでいっぱいになった経験でした。ただ同時に、グロービスの言う「自由と自己責任」の意味合いを真の意味で理解できたため、自分にとっては非常に貴重な経験となりました。

グロービスは基本的に全員が中途入社で入ってくる会社です。よって、一人ひとりに高いプロフェッショナリズムを求めます。そのプロとして求められる水準の「自由と自己責任」が、全社員一人ひとりに求められるベースとしての行動姿勢なのです。

だから、この「自由と自己責任」とは決して甘っちょろいものではありませんが、一人のプロフェッショナルとして実現したい世界観を持ち、成し遂げたい思いがある方にとっては、最高の環境を提供できていると感じています。個々人の可能性・才能を１２０％解放できる環境を創り出せる、この「性善説に則った自由と自己責任」という考え方があるからこそ、経営理念に掲げる「自己実現の場の提供」が実現できると考えています。

CHAPTER 3

採用

CHAPTER 3からCHAPTER 8にかけては、CHAPTER 2で述べたHRポリシーの骨格となる基本指針・基本精神を、各HRの機能としてどのように具現化しているかを解説していきます。

まずCHAPTER 3では、経営における人材戦略の起点となる採用について見ていきます。人材獲得競争が激しくなっている今日において、自社が採用したい人材をいかにして採用するかに頭を悩ませている企業は多いことでしょう。採用に関しては、具体的な方法論の前に、どういった人材を採用するかを定義づける採用ポリシーが重要です。

本章を通じて、グロービスの採用ポリシーおよび採用体制における要点に触れていきます。

SECTION 1

エントリーマネジメントの重要性

●誰をバスに乗せるのか

皆さんの会社において、様々な活動を行っていることと思いますが、その中で人材の採用は、どれ程のプライオリティ（優先順位）に位置づけられているでしょうか？

グロービスの経営課題においては、社内外の環境によって課題の優先順位が変わっていきますが、時期の別を超えて常に重要視される経営課題の1つにあがってくるのが、採用です。名著『ビジョナリーカンパニー』シリーズを著したジム・コリンズ氏も著書の中で、「なによりも大切で、絶対に失敗してはならないのが『最初に人を選ぶ』原則だ。あらゆる事業活動のなかで正しい人材をバスに乗せること以上に重要なものはない」と述べています。経営において、ビジョンの策定や浸透、ビジョンを実現するための戦略づくり等、重要なことは数多ありますが、そのいずれをつくるのも実行するのも結局は〝人〟だからです。そのため、人の採用や育成については、その重要性は論をまたないと考えています。

SECTION

2 採用ポリシー

●採用における考え方の前提

ここからは、具体的にグロービスの採用について述べていきますが、まず誤解があってはならないので、前提として先んじて説明しておきたいことがあります。それは、グロービスの採用は、基本的に中途（キャリア）採用※のみであり新卒採用は行っていない、ということです（実は、過去に数度だけテクノロジー職やエキスパート職に限定して新卒採用をしていますが、あくまで例外措置となります）。よって、これから記載する内容は、中途（キャリア）採用を前提としていることをご理解ください。

ただし、本章で記載する内容は、新卒採用に適用できないものはなく、採用における本質的な重要点は、新卒採用であろうと中途（キャリア）採用であろうと同じだと私は考えて

※経団連において、中途採用という呼称を「経験者採用」へと見直す動きがありますが、グロービスの場合は、携わってもらう分野の経験者を採用しているわけではないため、誤解を生じないように、敢えて「中途（キャリア）採用」という表現を使わせていただきます。

います。

なお、なぜグロービスは採用を中途（キャリア）採用に一本化しているかについても触れておきます。グロービスは、経営教育を提供している組織ですが、中でも私たちが提供する経営教育は〝実践性〟を大切にしていることが特長の1つです。

経営教育における実践性とは、学んだ内容が単なる知識や理論に留まるのではなく、実務の世界できちんと活用できる生きた知恵・スキルに転換できることです。他の経営大学院がアカデミックさを特長としているのに対して、この実践性はグロービスの独自性（ユニークネス）になっています。この独自性を一層磨き込み続けていくために、スタッフの全員がアカデミックな経営理論の枠には収まり切らない泥臭さも含めたビジネスの現場で実務経験をしてきていることを重視しているのです。

社会人経験が無いままにこうした経営教育の世界に入ってしまうと、どうしても実務感に乏しい理論やフレームワークを振りかざすだけの頭でっかちなビジネスパーソンになってしまいやすいことから、どんな業界でも構わないので、必ず実務経験を経て経営のリアルを体感された方のみに入社してもらうようにしています。

●「Value の共有」の原則

ここでは、グロービスが人材を採用する上で、重視している点をお伝えします。グロービスでは、数十にわたるポジションを募集しているため、各ポジションに求める必要な能力要件はそれぞれ異なります。また、中途（キャリア）採用であることから、該当する能力を保有しているかどうかを重視していることは間違いありません。

ただ、それ以上に重要視していることがあります。それは、本人が大事にしている価値観と、グロービスの大事にしている価値観とが、どれだけ一致するかです。また、本人が成し遂げていきたい志と、グロービスのビジョン／ミッションとの間に、いかに大きな重なりを創れるかという点も非常に重要です。この価値観の一致度合いや、ビジョン／ミッションの共鳴度合いについては、非常に高いレベル感で求めることとしており、この点については一切の妥協を排して臨むことを決めています。

つまり、どんなに能力が高く優秀な人物に出会えたとしても、この価値観や目指しているビジョンについて少しでもズレを感じた場合には、残念ながらお見送りをさせて頂きます。また、ズレとまではいかないまでも、何か一点でも曇りを感じるような違和感を抱いたり、採用判断に迷ったりした場合にも、お見送りさせて頂くということを決めています。

このように厳格な運用をしている理由はシンプルで、グロービスのマネジメント・スタイルは、Management by valueで行うためです。入社後にすべてManagement by valueで向き合うからには、入社時点でValue（価値観）の共有度合いが極めて高いレベルにあることが非常に重要になるのです。
人間、能力は鍛えれば鍛える程高まっていくものなので、能力については多少不足していることがあったとしても、入社後の努力でいくらでもキャッチアップできますし、その後も能力は伸ばし続けることが可能です。一方の価値観については、変えることが難しい性質のものですし、仮に変えることができたとしても、そもそも変えるべきものかと言われると必ずしもそうとも言い切れないものでもあると思います（価値観を変えることが、その人にとって本当に望ましいことか分からないためです）。

この「Valueの共有」を原則とする採用ポリシーを踏まえて、グロービスの採用では保有スキル以上に、その方の価値観や性格に迫るような質問を重ねることでその方の内面を掘り下げさせて頂くようにしています。それ故に、よく候補者からは「グロービスの面接では、他社では訊かれないようなことを沢山訊かれた」という声をもらいます。他にも、「面接というよりはカウンセリングとかコーチングを受けているかのようだった」等の声もよく聞きます。ご関心ある方は、是非一度グロービスの面接を受けてみてください。

●「異質の効用」の追求

この「Valueの共有」の原則ばかりを追いかけていたら、金太郎飴のように同質性の高い同じような人ばかりの集団になってしまうのではないか、という点が気になるのではないでしょうか。昨今は、多様性（ダイバーシティ）の重要性が叫ばれるようになって久しいので、その疑問が生まれてくるのはもっともです。組織は、同質性の塊になってしまうと、凝集性は高まるかもしれませんが、どうしても同じような物の見方をしてしまうので、新しい発想や切り口で考えられる人が出にくくなります。すると、結果として、その組織は環境変化に耐えられなくなってしまいがちです。

そこで、グロービスでは「Valueの共有」の原則と並んでもう1つ大事にしていることがあります。それが「異質の効用」の追求です。「異質の効用」を追求するというのはどういうことかと言うと、これまでの経験（バックグラウンド）や保有している能力、それから物事を見る視点については、既存のメンバーとは異なるものを持っている人を採用しようということです。

グロービスがこの「異質の効用」を重視している理由は、組織としてのクリエイティビティが高まり、イノベーションを生み出す可能性が高まるためです。イノベーションの父と呼ばれるヨーゼフ・シュンペーターによると、「イノベーションとは新結合である」と提唱されていますが、まさにグロービスは異質と異質との融合によって、イノベーションが生まれていくと考えています。そういったクリエイティビティを重んじる新たな企業文化を作り出し続けるべく、この「異質の効用」を追求することを掲げています。

せっかくの機会なので、ここで組織における多様性のあり方について確認しておきましょう。「組織において多様性が重要である」ということについては論をまたないことだと思いますが、皆さんは、そこで言う多様性とは何を指しているかについて具体的に考えてみたことはあるでしょうか？　組織における多様性とは、具体的に何が多様であると良いのでしょうか？　何でも多様であればある程、望ましいのでしょうか？

これらの問いに対しては、ぜひ読者の皆さんそれぞれの解を見出して頂きたいと思っていますが、採用ポリシーに「Valueの共有」の原則と、「異質の効用」の追求を掲げるグロービスの考え方を共有しておきます。

グロービスでは、保有能力や物事を見る視点そのものもそうですし、それらの差異に繋がる国籍・性別・宗教・年齢・性的指向等については多様な方が良いと考えているため、ダイバーシティ・ウェイにおいてもそれを明記し、「異質の効用」を追求すべく多彩な個を重視して採用しています。

一方で、大事にしたい価値観や目指すビジョンについては多様であることが良いことだとは考えていません。なぜならば、会社や組織は世の中に数多存在し、それぞれに異なる存在意義やパーパスを掲げています。そうした中で、組織というのは、とある目的の実現のために集まっているものである以上、その全員が共有できるビジョンや価値観（価値観については、完全一致しているというよりは、大切にしたい通底する価値観）があることが重要であると考えています。

このように組織においては、多様化させた方が良いものと、共有化・共通化させた方が良いものとを、一緒くたにすることなく、きちんと切り分けて考えることが重要です。

SECTION 3

採用における責任と体制

●自部門の採用は自己責任

グロービスには全社共通の人事機能があり、そこに採用業務に特化した採用チームがあります。ただ、採用に関しては、その採用チームのみが携わるのではなく、「自部門の採用は自部門の責任で行うもの」として、各事業部門が自部門の採用に深く関与しています。「自由と自己責任」という言葉は、各個人に対して適用されている考え方ですが、同様に各部門（組織）にも適用されているのです。

故に、自部門が人員を増やしたいという場合には、自部門の責任で採用にコミットすることが求められます。こうすることで、自部門の人員が足りないことを他責（人事のせい）にすることなく、自部門の組織は自分たちでつくっていくということに対して、より高い当事者意識が生まれます。当事者意識が高まれば、当然その業務に対するマインドシェアが高まり、その業務の質やスピードが上がっていきます。よって、各事業部門の中でも採用責任を担う人をアサインし、ライン業務と並行して採用の任務に当たってもらっています。

具体的に、グロービスの採用に関して、人事部（採用チーム）と各事業部がどのように役割分担をしているかを説明します。まず採用チームが各事業部に対して、どのポジションに、何名、どのような要件で採用をかけたいかを確認し、採用計画を両者で握ります。その上で、採用チームが行っている全社共通の施策に則って採用を進めるのか、事業部独自の採用手法を採るのか、はたまたそれらを組み合わせるのか、といった採用戦略と役割分担を定めます。母集団形成や採用エージェントとのやり取り、全体のオペレーションについては、採用チームが担いますが、採用候補者へのスカウトを始めとしたコンタクトや面接は、採用チームと事業部門が協働で行っています。

このように、右肩上がりに成長し続けているグロービスにとって、採用は常に重要な経営課題であり続けているため、採用を加速させるために合理的な責任体制を敷いています。

●全員が採用当事者

グロービスでは、採用チームだけでなく、各事業部の中で採用責任者を決めているという話をしましたが、これはその方の業務役割として、明確に採用の役割を担ってもらうことを決めているものになります。ただ、重要な採用活動をより力強く推進するために、グロービスではそうした一部の採用責任者のみならず、全社員が採用を自分事として捉え、その重要な経営課題に誰でも貢献してもらえるような制度・環境を整えています。

具体的には、リファラル採用の一環で、自身の知人・友人を採用候補者として紹介してもらい、採用が決定した暁には紹介者・入社者それぞれに金銭的メリットが生まれる制度を導入しています。グロービスでは、このリファラル紹介制度のことを全員のご縁を繋いでいく営みとして「ＧＯ縁制度」と名付け、全社運動論として展開しています（この「ＧＯ縁制度」という名称も社内募集をかけて選考することで、多くの社員に採用活動を自分事として感じてもらえるようにプロセス設計から大事にしています）。

「ＧＯ縁制度」は、採用加速に効いていることはもちろんですが、それだけでなく、入社年次に関係なく貢献できる仕組みとなっているため、新入社員でも組織課題に大きく寄与できる実感を得られる点がとても良いと感じています。

社員それぞれに得手不得手がある中で、その一人ひとりが、自分が貢献でき、かつ、会社にとって意義がある活動に関与してもらえるかが、経営の腕の見せ所であると感じます。

採用活動の中でも、リファラル採用は本人が繋がりを持っているネットワークの中から紹介していく特性上、年次の高い社員よりも若手社員の方が自分の立場を活かしやすい側面が多分にあります。是非、多くの社員が経営に影響を与えられるような意義深い活動に従事してもらえるように工夫していきたいものです。

CHAPTER 4

人材配置・キャリア開発

本章では、グロービスにおける人材配置や業務アサインに関する考え方について説明します。

グロービスでは、経営理念の1つに「自己実現の場の提供」を掲げています。そのため、人材配置にあたっても、可能な限り本人の希望を容れることで、それぞれにとっての自己実現を果たせるように模索しています。

ただ、個人の希望と組織側の要請とは必ずしも一致するわけではない中で、どのようにそれぞれの希望・要請を満たしているかについて、具体的に見ていきます。

従来型人材配置の弊害と限界

●定期異動（ローテーション）の弊害

グロービスには、大企業でよく行われている定期異動（ローテーション）というものは存在しません。定期異動というのは、完全に組織側の都合で行われる営みであり、本人の意向とは関係のないところで人事が決まっていく仕組みです。よって、個々人のやりがいや希望するキャリアを重視するならば、定期異動というのは望ましい仕組みとは言えません。

もちろん、定期異動が、必ずしも個々人にとって無意味なものになるとは限りません。例えば、定期異動によって、自分では気づけなかった新たな才能に気づくことができるかもしれません。また、自分が想像していなかった機会の発見に繋がることもあるでしょう。

ただし、その新たに与えられた場が、本人のキャリアにとって本当に良い機会や経験となるかどうかはかなりの部分が運に委ねられており、その確率も決して高いとは言えません。また、仮に、運よくご自身のキャリアの意向に適った職場・業務内容に異動できたとしても、また3年後には次なる定期異動のタイミングで、本人の意向とは関係のない部署に異動することとなり、自分の意志で描いたキャリアを築きにくいことは間違いないでしょう。

●選択型キャリアコースの限界

企業によっては、本人のキャリアの志向性に合わせて、職掌やキャリアコースを分けている会社があります。代表的なものには、総合職と一般職で分けるものや、ゼネラリストコースとスペシャリストコースで分けるもの等があります。

以前は総合職と事務職とを分けていた会社も、昨今はより多様なキャリアの選択肢を与えるべく、総合職であっても全国転勤の有無によって更に2つに分けたコース（転勤無しの総合職をエリア総合職と呼ぶ）を用意するようになってきています。こうすることで、以前と比べれば、多様な働き方の選択肢を用意しているとは言えます。ただ、この選択肢はあくまで転勤エリアの範囲を限定的にするかどうかの違いがあるのみなので、これを以て本人の望むキャリアが十分に実現できるようになったとは言えないでしょう。

他には、ゼネラリストコースとスペシャリストコースという形で、キャリアの志向性によって入社時に選択肢を用意している企業もあります。これ自体は、個々人が望むキャリアビジョンに応じた経験を積み易くする制度として理に適ったものと言えます。ただし、途中でキャリアの志向性が変わることは十分にあり得るため、いつでも柔軟にコース変更ができるような制度にしておきたいところです。本質的により重要なのは、いずれのコースであろうと、本当に個々人がやりたいことをやりたいタイミングで追求させられる環境が用意できているかどうかという点です。

私がこれまでに様々な組織を見てきた限りでは、制度上で最初のキャリアの選択肢を用意することは、今や当たり前になっていると思います。ただし、社員がその会社で実際にキャリアを歩み始めた以降において、個々人にキャリアの自由度を持たせ、希望に叶うような職務アサインや人事異動を実現できている企業は、まだまだ少ないように感じています。

大まかに選択肢を与えられているように見える制度を形式上用意するだけでは、現在の多様化した個々人のキャリアの希望を叶えるまでには至らないでしょう。かつての人材の流動化が低かった日本社会においては、そうした組織側の論理を押し付ける形での人事異動でも何とかなりました。しかしながら、働き方に対する価値観がますます多様化し、ウェルビーイングという概念が普及してきた昨今においては、個々人の意向にそぐわない形での機会付与しかできない組織では、良い人材を惹きつけ続けることは難しくなっていくことでしょう。

SECTION 2

個の希望と組織要請のベストミックス

●主体的キャリア形成

グロービスでは、理想的な企業システムを実現することを経営理念に掲げているため、これらの既存の人事制度における弊害や限界を越えて、極力各人の自己実現が図れるように、人材配置・業務アサインをしていきます。

ただし、その実現の仕方は、会社が手取り足取りキャリアを考えてそれを保証するのではありません。グロービスでは、「個人のキャリアはあくまでも自らの責任において追求するもの」としています。要は、キャリア開発においても「自由と自己責任」の原則が適用されるのです。こういった個々人のキャリアに対する組織の向き合い方については、もしかしたら、やや冷たい印象を感じる読者もいらっしゃるかもしれません。

しかしながら、会社が懇切丁寧にレールを敷いて、そのレールに乗ってキャリアを歩んでいくことが本当に本人にとって幸せな道なのかというと、私はそんなことは無いと考えています。キャリアというものは、誰かが敷いたレールに乗っていくべきものではなく、また誰かが示した選択肢の中からだけで選ぶものでもなく、自らの意志によって自分に最適な道を主体的に切り拓くべきものだと考えています。

私はこれまでに社内外の様々な場において「今の会社で自分の今後のキャリアをイメージすることができない」という声を聞いたことがあります。このセリフが出てくる前提としては、その本人にとっては「これまでに見てきた社内の上司や先輩が自分の目指す姿ではない」と感じていることが大きな要因になっていると思います。

もしそうだとしたら、まずそういった考え方に至る前提認識の持ち方を変える必要があるのではないかと私は考えます。キャリアは、今ある（見えている）選択肢から選ぶことが全てではないはずです。自分が理想とするロールモデルがないのであれば、自分が新たに創り出せばよいのです。もちろん、社風が合わないとか、会社が目指すビジョンに共感ができないということであれば、わざわざその企業に残る必要はないので、よりビジョンに共感できる会社やよりカルチャーフィットのある会社に転職すれば良いでしょう。

ただし、もし会社のビジョンには共感していて、かつ、組織カルチャーへの親和性も感じているにもかかわらず、キャリアとして目指したい方がいないのであれば、それは自分で創るしか道はないはずです。会社のビジョンに共感ができているのであれば、きっとそのビジョン達成のために必要なキャリアは、これまでに実例がなかったとしても新たに築くことができるはずです。グロービスでは、まさにそのようにして、主体的に自らのキャリアを切り拓くことを期待されています。

●資源の最適配分（全体最適）

ここまでの個々人の意志を尊重する人材配置に関する考え方をご覧になった読者の皆さんには、もしかしたら、「それで果たして組織がうまく回るのか？」という疑問が生まれているかもしれません。

この点に関するグロービスの考え方は、まず徹底的に個人の希望を汲み入れることは重視します。ただし、一方では会社の事業展開上、資源の最適配分の観点から配置転換や異動を行います。よって、もしも個人の希望と組織の要請とが合致しない場合には、組織としての全体最適観点を優先することとしています。それは、企業はビジョンの実現こそが最重要であり、そのためには部分最適ではなく、全体最適で向き合う必要があるためです。故に、最終的には組織の論理を優先するようにしているわけです。

ただ、「それであれば、結局、最初から組織の都合を優先して人材配置／異動をすることと変わらないのでは？」と感じられる方もいらっしゃるかもしれません。しかし、私はそうは思いません。やはり個人の希望や意志を最大限受け容れる考え方を持っているのと持っていないのとでは、大きく異なってくると考えています。

組織形態や組織の中のメンバー構成には、絶対的な正解があるわけではありません。もちろん、その時点での最適解はあるでしょうが、絶対的に正しいと言える組織形態やメンバー構成があるわけではありません。だとすると、（仮に１００％希望通りにならなかったとしても）

個々人の希望や意志を最大限反映させた形の組織と、端《はな》から考慮に入れていない組織とでは、組織の構成メンバーの自身の業務に対する納得感やコミットメント度合いも違いますし、それ故にパフォーマンスにも違いが表れてきます。

よって、仮に結果としては、全体最適の観点が個人の意向と折り合わなかったとしても、まずは個人の希望を確認し、その希望を最大限に叶えるべく努力する手間を惜しむべきではありません。

●「継続性と再活性化」のバランス

もう1点、グロービスが人材配置において意識していることは、組織としての継続性と組織および個人の再活性化を促すことです。組織というのは、組成された初期においては、メンバー各人の強み・弱みをお互いに把握することができていませんし、相互の関係性も築けていません。それ故に、それぞれの役割を変えたりしながら試行錯誤する期間が続くため、非効率な部分が生じるものです。

ただ、そこから一定期間、同じ組織メンバーで業務遂行していくことにより、その組織における規範や文化が確立され、暗黙知で動くことができるようになり、各人の役割分担もその組織メンバーの中で最適化されていきます。このように組織は、一定期間かけて効率性が高まっていく側面があります。故に、組織はむやみやたらに変えることが望ましいわけではなく、組織としての継続性を担保する視点が必要です。

一方で、組織というものは、長年同じ組織形態、組織メンバーで固定化されていると、どうしても少しずつ硬直化していきやすいものです。ずっと同じ組織メンバーで仕事をしてくると、過去の成功体験からの脱却が難しくなり、変化することを厭う傾向が生まれてきます。また、どうしても、物事を見る視点が固定化されて、全く違う視点で物を見たり、異なる切り口で考えたりすることができなくなっていきます。

これは組織だけでなく、個人においても同様です。人は同じ業務を続けていれば、当然その業務における習熟度は高まっていきます。習熟度がある程度まで高まると、あまりエネルギーをかけずとも当該業務における一定のパフォーマンスを出すことができるようになります。もちろん、それなりの成果を出すことはできるため評価もされますし、後輩や部下に対して指導的な立場を担うことも増えてきて、組織から頼りにされます。こういった状態は、個人にとってはとても居心地の良いものです。その居心地の良い安住状態を手に入れてしまうと、なかなかそこから抜け出すことが難しくなることがあります。なぜなら、未知なる仕事を一から覚える大変さもありますし、自分がきちんと成果を出せるとは限らない未経験領域に一歩を踏み出すにはそれなりの勇気が要るためです。

よって、グロービスでは組織や人に向き合う際に、放っておくとそうした慣性が働くということを念頭において、敢えて組織に適度なゆらぎを与えるようにしています。10年に一度くらいの頻度でやってくる大きな環境変化（リーマンショックやコロナショック等）に直面した際には組織を大きく改変することがありますが、平時においては劇的な変化が必要なわけではないので、〝ゆらぎ〟という表現を使っています。組織にゆらぎを与える具体的な手法としては、長年同一の組織に居て業務内容にも変化がなくなってきた方に異なる部署・チームに異動してもらったり、組織の統合や分離を行ったりすることがあります。

これは経営会議メンバーも例外ではありません。経営会議メンバーもずっと固定化するのではなく、一定の頻度で入れ替えを行い、経営体制を若く、多様性のある状態に維持しています。

このようにして、グロービスでは、組織の継続性は担保することで効率性を享受しながらも、組織・個人を再活性化させることで更なる進化に繋げることができています。

SECTION 3

自己実現の場を提供する具体施策

グロービスでは、主体的なキャリア形成を支援するためにも、年に一度、自分の所属部門や所属チーム、そして業務内容を変えることのできる機会を全社員に与えています。その機会は、「ジョブ・ポスティング」と「異動希望」という2つの制度によってもたらされます。この「ジョブ・ポスティング」と「異動希望」は毎年交互に実施されるため、グロービスの社員は、毎年必ず所属や業務内容を変える機会を得られることになります。

●ジョブ・ポスティング

まず、ジョブ・ポスティング制度から説明します。ジョブ・ポスティングというのは、各部門から異動希望者を募りたいポジションを提示してもらい、そのポジションを社内に開示することで、全社員から異動希望者を募る制度です。

各部門からすれば、社外から採用しようとしていたポジションをすぐに社内で補充できるチャンスにもなります。異動してくるメンバーは、グロービスのことをよく分かっている社員であるため、育成に要する期間は短くなり、早い立ち上がりを期待することができます。ジョブ・ポスティングに応募する社員からすれば、社内転職の機会が得られる形になります。よって、自身の今後のキャリアや成長を考えると今のままの仕事を何年も続けるのではなく新しい機会に身を投じたいと考えており、かつ、グロービスの組織やカルチャーが好きな方にとっては、もってこいの制度になっています。

このジョブ・ポスティングのプロセスは、外部からの採用プロセスと同じように、書類審査があり、面接審査があり、それらに通過して初めて異動が実現します。よって、応募をすれば必ず異動が叶うというわけではありません。あくまで、募集をかけている部門から、そのポジションに応募した人に期待役割を果たしてもらうだけの能力が備わっているかどうかの審査が入るため、それに足る能力を身につけている必要があります。

もちろん、応募者が既にその業務に就いたことがあるというケースは稀なので、直接的な能力が完全に顕在化されている必要はないのですが、少なくとも外部から採用する場合と同じレベルの能力基準が求められるため、応募しても必ず審査を通過できるとは限りません。また、一人の募集枠に対して、複数名からの応募があった場合には、その中から1名のみが選ばれる形になるため、競争原理は働いています。これがまさに、就きたい仕事があるのであれば自由に選択してもらって構わないが、それに必要な知識・能力を磨き自己研鑽を続けるのは本人の責任である、という「自由と自己責任」原則が適用されている事例です。

●異動希望

次に、異動希望制度について説明します。この異動希望というのは、自身の今後のキャリアに関する希望を示してもらうことから始まります。その上で、組織的にその希望を叶えられるポジションを用意できるかどうかを検討し、是と判断されれば異動が叶います。

個人と組織の希望が合致すれば異動が叶うという意味では、異動希望はジョブ・ポスティングと似たところがあるのですが、明確にジョブ・ポスティングとは異なる点があります。ジョブ・ポスティングは、まず組織発で募集ポジションが明示され、個人がそれに応ずる形で応募するプロセスとなるのですが、この異動希望は個人発でプロセスがスタートするのです。つまり、組織からの募集ポジションや募集枠数の明示なき中で、個人がやりたいと思っている仕事内容を希望として出すところからプロセスが始まります。

この異動希望は、より個人の意志を示すことに主眼を置いているため、まず個人にとっての利点が大きいです。ジョブ・ポスティングとは違い、組織が求めていようといまいと関わりなく、もっと言うとこれまでに社内でそういった役割やポジションを用意していなかったとしても、自分が好きなように自分の意志を組織に示すことができるのです。それにより、場合によっては、その想いを実現させるべく、新たに希望に叶う仕事を生み出し機会付与することができることがあります。

これはまさに、自己実現の場の提供を具現化するための制度である、と言って差し支えないでしょう。もちろん、組織としても、その組織が提供できる価値領域が広がるきっかけになることもあるため、とてもグロービスらしい良い取り組みだと感じています。

この異動希望のプロセスは、まず異動希望者が、異動希望先部門、異動希望理由、異動先にて自分が取り組みたい業務内容のそれぞれについて纏めて申請を出すところからスタートします。次に、希望を出された部門先でその申請内容を確認し、異動を受け入れる可能性を模索してもらい、面談の機会を設けます。その面談にて、本人の想いを実現させられる可能性があるかどうかを擦り合わせ、合意に至ればそのまま異動してもらいますし、合意に至らない場合は異動が見送られます。

よって、ジョブ・ポスティングと同様、こちらも希望を出せば必ず通るという類のものではありません。ただ、ジョブ・ポスティングでは募集要件が明確にあるところへの応募につき、能力面が面接で評価される重要事項となっているのに対して、異動希望では具体ポジションが無い中での応募につき、部門と個人双方の創り上げたい世界観やビジョン・目標の合致点を見出せるかどうかがポイントになるため、スキル以上に志向性が問われる、という言い方ができるでしょう。

●GLOBIS Work Café

グロービスでは、個々人に主体的なキャリア形成を求めていますが、個人で考えられるキャリアの幅は、どうしても自分が把握している範囲が限界になってしまうものです。故に、ジョブ・ポスティングにせよ、異動希望にせよ、自分が所属している部門・チーム以外にどのような仕事があるのかを正確に把握できていなければ、どう希望を出したらよいかが分かりません。企業の規模が大きくなればなる程、隣の部門の人たちが実際にどのような仕事をしているのか、そこにはどのような難しさがあるのか、そしてどのようなやりがいがあるのか、といったことを把握できていないものです。グロービスも一つひとつの部門の規模が１００人を超えるようになっていることから、なかなか他部門の業務内容を正確に把握することは難しくなってきています。

これを受けて、グロービスでは、他部門同士のメンバーを集めて、お互いに自分の仕事内容を紹介し合う場を設けています。この場のことを、GLOBIS Work Caféと呼んでいます。

この場に参加する個人にとっては、普段は聞けないような社内の他の仕事について知ることができ、自身の今後の社内におけるキャリアの選択肢を持てるようになります。また、副次的には、自身の仕事を他部署の人にも分かるように説明する必要があるため、自分の仕事の棚卸しをする過程で改めて自分の仕事の意義を再確認できる場にもなっていると感じます。

この場は人事が主導して開催しているわけですが、組織にとってもメリットがあります。私は人事の責任者としてグロービスを退職されていく方に、グロービスを離れる理由について確認すべく退職インタビューをさせてもらっています。その中で非常に勿体《もったい》ないと思うことがあります。それは、他にやりたいことがあって退職を決めた場合で、かつ、他部署にはまさにそのやりたいことが実現できる場があった場合です。

もし、事前に他部署において自身がやりたいことが実現できることを把握できていれば、退職まですることなく自己実現を果たせていた可能性があるのです。こうした勿体ない退職を防ぐことができるという意味において、組織として全社員に各部門・各チームが取り組んでいる営みやその意義について正確に共有できる場があることは重要なことだと感じています。

●斜めメンター制度

皆さんは、もし現在の自分のキャリアに悩みを感じたとしたら、その悩みを誰に打ち明けて相談したくなるでしょうか？　上司に相談できるという方は、それに越したことはないでしょう。ただ、現在の業務を続けることに対する違和感やキャリア上の不安がある場合には、その業務を管轄している上長には相談しにくいと感じる方が多いのではないでしょうか。また、他にも現在の上司とそりが合わないといった悩みの場合には、当然ながら、自身の評価者であるその上司には直接相談しにくいことでしょう。このように人の悩みには、相手が身近な人である程、相談しにくいテーマがあるものです。

そういった悩みに対しては、利害関係のない人に気軽に相談できるようにしておくことを仕組みとして担保しておけるとよいでしょう。グロービスでは、希望者に対しては利害関係のない他部門・他チームの先輩社員にメンタリングをお願いし、気軽に様々な悩みを相談できる制度（斜めメンター制度）を用意しています。

本制度を利用しているスタッフからは大変好評を博しており、自部門・自チーム内では相談しにくいことを気軽に相談できること、全く異なる仕事に向き合っているメンバーに視野を広げてもらえること、近しい境遇の先輩から課題の乗り越え方のヒントをもらえること等、新たな刺激や安心感を得る機会になっているようです。

●マトリクス型組織による兼務体制

新たなキャリア機会を提供するための手法は、異なる部署に異動するだけがその術ではありません。グロービスでは、元々自分の好きなことを仕事にすることを大切にしている組織であるため、引き続き同じ業務に取り組みたい方が沢山います。そういった自分の天職を見つけて既にやりがいを感じる仕事ができている人にも、更なる新たな能力開発の機会やキャリアの可能性を得てもらえる組織形態をとっています。それがマトリクス型の組織です。

グロービスはＰＲＯＬＯＧＵＥで説明した通り様々な事業を行っていますが、組織はその事業別に構成しています。その事業部別の組織の切り方が縦軸だとすると、横軸には経営学における専門領域別に分かれるマトリクス型の組織形態をとっています。

グロービスでは経営学における専門領域を、次の7つに分けています。

・モノ：経営戦略、マーケティング等
・カネ：アカウンティング、ファイナンス等
・ヒト：組織行動、人的資源管理等
・思考：クリティカル・シンキング、プレゼンテーション、ファシリテーション等
・創造：ベンチャー戦略、ベンチャー・マネジメント等
・志：リーダーとしての志、倫理観、価値観、企業理念等
・テクノベート：テクノベート・シンキング、テクノベート・ストラテジー等

この7つの専門領域組織のことをファカルティグループ（以下、FG）と呼んでいます。FGでは何を行っているかというと、各経営学領域の最新の知を取り込むことで研究を行ったり、新しく生み出した知見を書籍や「GLOBIS知見録」、「GLOBIS 学び放題」で発信したり、経営大学院や法人研修で提供するための新コンテンツ開発を行ったり、教育の最前線に立つ講師を育成したり、といった良質な教育を提供するために不可欠

な活動を行っています。

グロービスが毎年、経営大学院だけで１０００名以上の方々を入学生として受け入れ、数千社に及ぶ法人クライアントに良質な人材開発・組織開発サービスをお届けできるのは、このＦＧという世界的に見ても稀有な教育における研究開発組織があるためなのです。

世の中の大抵の大学・大学院においては、教員一人ひとりが各々の専門領域を持ち、それぞれ当該領域における研究を進め、その研究内容を授業で教える形をとっています。故に同じ大学内でも教員が異なれば教育内容も異なっていきます。つまり、良くも悪くも教育の質はその教員の研究テーマや指導法に大きく左右されます。

これに対して、グロービスでは、各人がそれぞれ異なる業界・職種における実務経験を持ちながらも、その内容をそのまま教育内容として提供するのではなく、各ＦＧに所属する教員陣がそれぞれの専門的な知見に基づき喧々諤々議論を重ねた上で、一つひとつの良質な教育コンテンツを開発していくのです。そうすることで、一人の教員の知見のみに頼るのではなく、全てのコンテンツに複数の教員の目を入れることで、品質を極限まで高めることができています。

また、教育コンテンツの中身だけでなく、教員の教え方に関しても、グロービスは教員本人のやり方に過度に依存する形は採っていません。なぜならば、教育の品質、ひいては受講者の満足度は、コンテンツ内容だけでなく、教え方によっても大きな差異が生まれるためです。

先に見た大学や大学院だけでなく、多くの民間の研修会社においても講師は我流の教え方を貫いているため、人によって教え方の質に大きなバラつきが生まれます。読者の皆さんも、ご自身の学校や塾での学習体験において、先生によって分かりやすさが大きく変わったり、生徒のやる気をうまく引き出せる講師と非常に退屈な授業をする講師とがいたりすることは、きっと覚えのあることでしょう。

カリスマ講師や有名教授の授業を受けられた一握りの方はそれで良いのでしょうが、それ以外の授業を取らざるを得なくなった学生の学習体験は残念なものになってしまいます。人生の質をも変えてしまう程大きな影響を与える教育において、その品質がどのような師に出会えるかという半ば運のような要素によって大きく左右されてしまうことは、本来望ましい教育のあり方とは言えないでしょう。

グロービスでは、どの教員に教授してもらっても高品質な学びを得られるように、授業の展開の仕方そのものを科学的にアプローチし、すべての教員がそのメソッドを体得して初めて教壇に立てる仕組みを構築しています。これはグロービスの大きな強みになっており、同じコンテンツを複数同時に同様の高品質レベルで提供できる組織は、世界的に見ても他にないのではないでしょうか。

このようにＦＧという組織は、グロービスの競争優位の源泉となっているため、会社にとって非常に重要な組織になっています。加えて、このＦＧ組織はそこに所属する個人にとっても、キャリア上とても大きなメリットがあります。自身の所属事業部におけるライン業務（本業）における専門性を継続しながらも、自身の知見を拡張し新たな専門能力を開発したり、経営教育における講師をしたり、研究者として論文を執筆したり、書籍を出版したりするといった複線型のキャリアを築いていくことができるのです。

実際に、私の前任の経営管理本部長だった女性リーダーは、経営管理の責任者を務めながらも、ヒトＦＧの専門家として、グロービス経営大学院の教壇に立ち、企業研修講師としても活躍し、更には研究者として沢山の論文を執筆し各種学会で発表を行っています。それだけでなく、経済同友会での要職を務め、複数社の社外役員の職も担っています。

●自発的プロジェクト組成

以上で見てきたような正式な部署やチームでなくとも、自身が問題意識を持った事柄に取り組む機会として、自発的にプロジェクトを組成することで、定常業務とは別の業務に携わることも活発に行っています。

プロジェクトは、正式な部署・チームを組成することとは違って、気軽に始めることができますし、途中で終了させることも容易です。よって、やってみなければうまくいくかどうか分からないことに対して、小さく始めることで失敗した際のリスクを最小化しつつも、スピード速く効果を検証する、ということを実現させるためにはもってこいの組織のつくり方です。プロジェクトについては、読者の皆さんの企業でもそれぞれ実施されていることが多いと思いますが、グロービスではその数が非常に多く、一人が同時に3〜4つ程の複数のプロジェクトに携わることも決して珍しいことではありません。

自己実現を図ってもらうためには様々な機会を用意することが必要になりますが、それを組織側の視点からだけで全員に有意義な場を設計し切ることは難しいため、グロービスでは個々人が自発的に問題意識を述べたり、自分が取り組みたいことを語ったりすることが推奨されています。故に、20%ルールという形で、業務時間の最大20%までは自身のミッションと直接関係のない仕事に割り当てることができるようにしている部門もあります。

仕事に限らず何でもそうですが、誰かに言われてやるのと、自ら主体的にやるのとでは、同じことに取り組むにしてもそのパフォーマンスは大きく変わってきます。故に、グロービスでは、問題意識を持っている人が言い出しっぺとなってプロジェクトを組成し、取り組んでいくことにしています。

2023年3月には、「ChatGPTを使ったビジネスアイデアを全社から募るような営みをやっていく必要があるのでは?」という問題提起を私がWaigayaに投げかけ、すぐに全社横断のGLOBIS Generative AIアイデアソンを立ち上げました。このアイデアソンには、1週間で80ものビジネスアイデアが上がって来て、そのうちの10個を正式にプロジェクト化して取り組んでいくことが決まりました。

このようにグロービスでは、やってみたいことに対して自ら声を上げることによって、同時に複数の帽子を被る(役割を担う)ことができるため、自分の意志さえあれば、様々な可能性に対してキャリアを築き上げていくことができるのです。

●副業と現場知制度

個人のキャリアは、就職した企業・組織の中で閉じるものとは限らず、昨今は日本においても副業が当たり前になってきています。グロービスでももちろん、副業はできるようになっていますが、ここでは他の組織にはおそらく無いであろう「社外現場知習得制度(略して、現場知制度)」というグロービス独自の制度をご紹介します。

この現場知制度というのは、教育の最前線に携わる教員陣が、グロービスが提供する教育サービスにおける特長の1つとしている「実践性」を高め続けることを企図してつくった制度です。グロービスが提供している経営学を始め学問というものは、様々な事例や事象を通して見出せる本質部分や原理原則を、研究を通じて体系化することによって、その理論的基礎が築かれていきます。そういった学問ならではの特性故に、研究やコンテンツ開発ばかりに携わっていると、どうしても理論に傾注し過ぎてしまうようになり、現場感との乖離を感じさせるような教育コンテンツに仕上がってしまう可能性があります。受講生としても、授業で教わる内容がフレームワークだとか理論ばかりに留まると、実際にその理論を自分の実務にどのように活かしたらよいのかが理解できず、結局は実践できずじまいになります。

そのように、教育の世界においては、教えてもらった瞬間には良いことを学んだような感覚は得られたとしても、実際に使うことができずに宝の持ち腐れになってしまうことがあります。こういった理論偏重の教育における限界を突破するためには、教える教授・講師自らが、受講生が日々体験しているような現場を体験し、その現場感と理論とを結びつけ、理論の現場への転用の仕方を具体的に語れる必要があるわけです。よって、グロービス経営大学院の講師登壇要件としては、各経営領域における現場知ランクを定めることで、一定のランク以上の現場知がなければ教壇に立つことができない仕組みにしています。その現場知を向上させるための仕組みが、この現場知制度というわけです。

実際にこの制度を使って、どのように各人の現場知を高めていくかというと、基本的に副業と同じようなイメージをして頂ければと思いますが、社外において、社内では積めないような実務経験を積んでくることになります。具体的には、社外役員や顧問、アドバイザー業務や特定の専門業務活動等に携わることを通じて、現場知を高めていきます。

副業と現場知制度の大きな違いは、副業は業務時間外の時間を使って社業とは異なる仕事に就くわけですが、現場知制度ではグロービスでの業務時間の一部を使って経営教育能力の向上に資する他社の仕事を行う点にあります。要は、副業は本業とは全く異なる業務経験を積んだり、別収入を得たりすることに主眼が置かれているのに対して、現場知制度は社内では経験できない業務経験でありながらも、本業に活用できる能力や知見を高めることに主眼が置かれています。

この副業と現場知制度の双方を駆使することによって、グロービスでは社内における機会に閉じない形で、より多様なキャリア構築に繋がる機会を提供できるようにしています。

CHAPTER 5
育成・能力開発

本章では、グロービスにおける人材育成の仕組みや能力開発に関する各種制度を紹介します。

〝人生１００年時代〟に絡めて謳われるようになった「リカレント教育」、そして人的資本経営の文脈に沿って語られるようになった「リスキリング」や「アップスキリング」といったキーワードに代表されるように、企業における育成・能力開発の営みに対する注目度は年々高まりを見せています。

人材育成を生業にしているグロービス自体が、社内でどのような育成施策を展開しているかについて関心を寄せて頂くことが多いため、本章はその内容を明らかにしていきます。

SECTION 1

育成・能力開発に関する基本的な考え方

まず、社員に対する育成とは、どのような考え方で向き合うことが望ましいかについて考えてみましょう。これにあたっては、社員が成長することの意味合いから確認しておきましょう。社員が成長することで、その人がこれまでにできなかったことができるようになり、それによって組織能力や組織としての成果も高まります。故に、社員が成長することは、その本人にとって望ましいことであること以外にも、組織としても大いに歓迎すべきことです。このことから、社員の育成にあたっては、「どうしたら社員の能力が最も開発されるのか？」という個々人の成長に主眼を当てて考える必要があります。

そう考えた時、社員育成とはどうあるべきなのでしょうか？　組織として、どのくらい手をかける必要があるのでしょうか？　また、育成に使う予算はどの程度を考えるべきなのでしょうか？

●ＯＪＴとＯｆｆ－ＪＴへの向き合い方

最初に、社員一人あたりにどのくらいの育成予算をかけていくことが望ましいのかについて考えてみたいと思います。日本企業における従業員一人あたりの年間平均研修費用は、おおよそ3万～4万円くらいが相場となっています。これはあくまで実務とは切り離した場で行われるＯｆｆ－ＪＴと呼ばれる研修などの教育施策にかける費用に関するものです。これはあくまで日本企業における平均値なので、企業規模や業種によって実態はそれぞれ異なります。皆さんは、この3万～4万円という平均値を高いと感じますか？　それとも低いと感じるでしょうか？　私は非常に少ないと考えています。欧米の主要先進国ではそれぞれ平均10万円前後が教育研修費に使われると言われていますし、アジアの中国・韓国・シンガポールといった国々においても日本と比べて2倍くらいの予算が割り当てられています。これでは、どんどん日本企業と海外企業との力の差が広がる一方です。

では、日本企業においては人材育成が重要視されていないのかというと、私は決してそんなことはないとも感じています。多くの日本企業において、「我が社の最大の資産は人材である」といった主旨の発言は色々なところで耳にします。これが実態を伴わない嘘も方便のように使われているわけでもないでしょう。では、なぜ同じように人材が育つことの価値を考えている日本企業が、海外の企業と比べて明らかに人材育成予算が少なくなっているのでしょうか？

日本企業においては、確かにＯｆｆ－ＪＴに使われる予算は少ないのですが、「人は現場で育つ」という考えのもと、ＯＪＴ（職場での実務における育成手法）に力を入れていることが多いのです。ＯＪＴで人材を育てることはとても大切なことですし、それ自体は素晴らしいことです。実際に、携わる業務に必要なスキルはＯｆｆ－ＪＴで学ぶよりもＯＪＴで業務を通じて習得してしまった方が、効率性が高いとも言えるでしょう。ただし、一方でＯＪＴにはＯＪＴならではの限界があることも見落としてはなりません。

ＯＪＴは、目の前の業務に効率よく対応できるようになるためには優れた育成手法なのですが、逆に言えばそこで伸ばせる知識・スキルというのは、その業務でしか通用しないものに限定されてしまうことが多いのです。要は、ＯＪＴのみでは、次なるキャリアステップにおいて必要とされる能力や知見を獲得することは難しいのです。

もしかすると、「いや、そんなことはない。事実、私は研修等のＯｆｆ－ＪＴには頼らずに、ＯＪＴの中だけで経営リーダーになるまでに至った」と思われる方もいらっしゃることでしょう。もちろん、それはそれで事実であるとは思いますが、前提となる環境の違いに目を向けることも忘れてはなりません。

ＯＪＴだけで成長できたという方は、ご本人の努力もさることながら、自身が携わっていた事業が成長・拡大していくフェーズに携われていたり、逆にヒリヒリするような修羅場体験を運よく経験することができていたりするものです。「失われた30年」と呼ばれる時代に突入するまでの日本社会は、経済全体が底堅く成長していましたし、各社も成長期にある企業が多かったため、企業全体で挑戦できる機会というものが多くありました。そういった環境下においては、若手にも裁量をもって挑戦させてくれやすい機会が十分にあるでしょう。

しかしながら、昨今の経済状況においては、一部の企業を除いて多くの日本企業は成長が停滞し、それと同時に全体的に挑戦できる機会そのものが減っていきました。加えて、人権や環境問題等に対する社会的要請の高まりを受けて、年々、企業に求められるコンプライアンス対応もハラスメント対応も高い基準が求められるようになってきています。更には働き方改革も含めて、対応するべき法の要請も増えたことから、より働き方・働く時間に関しては個人の自由度を制約する方向に進んできました。

このようにかつては成長していた企業が一度その成長性に陰りが生まれると、どうしても組織は細分化され一人ひとりの裁量は減っていく傾向が生まれます。また、対応すべきリスクサイドの観点が多くなると、そのリスクを生じさせないように予めリスクの芽を摘むような管理手法になりやすいため、個々人が挑戦できる領域は減っていきがちです。こういった環境下においても、一昔前と同じようにＯＪＴだけで次なるステップに必要な知見や能力を身につけられるとは到底思えません。人は成功した時よりも、失敗した時にこそ、より多くのことを学ぶことができます。そうした思い切ったチャレンジングな機会を提供し、時には派手に失敗しても良いとされるような場を与えられない限りは、ＯＪＴだけで十分な育成ができるものではないのです。こういった時代において、Ｏｆｆ－ＪＴでは、企業としてはリスクを取らずして、失敗経験を意図的にデザインすることが可能です。

更に付け加えるならば、これからの時代は「人生１００年時代」と言われるようになりました。１つの企業、特定のスキルだけで職業人生を全うできる時代ではなくなったことから、至るところでリスキリング（学び直し）の必要性が叫ばれています。ＡＩを始めとして、様々な進化が非常に速いサイクルで訪れる環境下においては、今、目の前で向き合っている仕事に必要なスキルを磨くだけでは足りず、人生１００年時代を生き抜くことが難しくなってくるでしょう。これからは、もっと先々を見据えた新たな能力の獲得が必要になってくるのです。こうした現業務で必要とされる能力とは別のスキルや知見を獲得することは、もはやＯＪＴでは不可能に近く、今ほどＯｆｆ－ＪＴが必要とされる時代は過去になかったのではないでしょうか。

そう考えると、現状の年間3万〜4万円という日本企業のＯｆｆ－ＪＴにかける育成投資金額は低過ぎると考えて良いでしょう。このままでは、日本企業の大きな成長は見込みにくく、日本経済全体としても、失われた40年・50年へと突き進んでいかないかという不安がもたげてきます。

ただ、明るい兆しは、そんな日本においても「人的資本経営」の重要性が叫ばれ、各社がその実践に向けて動きを始めたことです。この「人的資本経営」の中では、人的資本を最大化させるための具体手法が述べられ、リスキリングの重要性について強調されています。今こそ、この流れを踏まえて、各社の育成施策がより充実化されてくることを願ってやみません。

ちなみに、グロービスにおけるスタッフ一人あたりのＯｆｆ－ＪＴ予算は、少なく見積もっても日本企業全体の平均よりも10倍以上を投じています。具体的にどういった育成施策を提供しているかについては後ほど詳細に紹介します。

●育成？　それとも能力開発？

「育成」という言葉と、「能力開発」という言葉は、ほぼ同義として使われますが、厳密には異なる意味合いで使われます。「育成」という言葉は、誰かが別の誰かを育成する、という文脈で使われます。よって、会社内であれば、組織や上長が、従業員や部下を育成する、といった形となるため、「育成」の場合は他の誰か（もしくは何か）に依存した形で成長が促される意味合いになります。一方の「能力開発」の場合は、成長を試みる自分自身が主体者となる言葉のため、自律的・能動的な意味合いになります。

なぜ、この2つの用語の違いに触れたかと言うと、どちらの言葉を使うか自体に、その物事に向き合う根本姿勢が表れると私は考えているためです。例えば、「育成」という形で向き合うと、どうしても「どうしたら、あの人を育てることができるか？」という問いが浮かぶため、あれこれと試行錯誤しながら育成施策を試すことになるでしょう。人を育てることを真剣に考えること自体はとても大事なことなのですが、「育成」には陥りやすい罠があることを忘れてはいけません。

その罠とは、人は手取り足取り懇切丁寧に教えてあげればあげる程に、「（育成対象の）相手は主体性を失い、受動的に、受け身姿勢になっていく」ことです。つまり、「育成」というのは不思議なもので、手をかければかける程良いというものではなく、逆に育成の目的とは反対の結果を導いてしまうことがあるものなのです。

こういった「育成」に纏《まつ》わる特性を踏まえて、グロービス社内においてスタッフの成長を促す際には、「育成」という言葉よりも、「能力開発」という表現を使います。これは、グロービスにおいては、キャリア開発と同様に、能力開発に関しても「基本的に個人が主体的に行うものとする」という考え方が徹底されているためです。

CHAPTER 1で説明した通り、グロービス・ウェイにおける社員全員に求める行動指針の一番始めに来るのが「Self-development：個人の能力を高めよう」です。グロービスにおいては、それだけ個々人が自己責任において自身の能力を高め続けることが求められるのです。

故に、上長との1on1においては、常々「今年はどんな能力を高めていくのか？」「そのために、具体的にどんな自己啓発に取り組むのか？」「この1年で、実際に何がどのくらい成長したと実感しているか？」といった能力開発に関する問いかけが日常的になされます。

能力開発を促進する上で重要なのは、自身の能力をより向上させたいと思うきっかけや動機を醸成すること、そして本人が望むタイミングで然るべき能力開発ができるだけの環境を用意することです。

SECTION 2

育成・能力開発制度

ここからは、グロービスにおいては、社員にどのような能力開発の機会を提供しているかを紹介します。

●集合型研修

グロービスの社内研修は、人事部が主催する研修と、事業部制を採っているが故の各事業部が主催する研修の2種類に大きく分けることができます。

人事部が主催する研修には、階層研修（1年目研修、3年目研修といった入社後一定期間が経過した方が一斉に受講する研修）や新しく管理職になる方が受講する新任マネジャー／チームリーダー研修といったものがあります。他にもグロービスらしい営みとしては、読書会だとか、宿泊型のオールスタッフ・リトリート（経営合宿）といったものまでありますが、これらの人事部が主催する研修の多くは能力開発以上に組織文化を醸成する意味合いが強いため、ここではその詳細は割愛し、組織文化醸成について記述するCHAPTER 8で詳細を説明します。

一方で、各事業部が主催する研修は、その事業特性を踏まえて必要な能力開発を行うことを主軸に行われます。例えば、法人事業部においては、クライアント企業の課題を深掘りし具体的なニーズを把握するためのロールプレイング型研修や、クライアント企業に提供するテイラーメイド型のソリューションをゼロから生み出し設計に落とし込むための設計力強化研修等を実施しています。

他にも、講師育成やコンテンツ開発部門においては、経営大学院の教員や企業研修の講師として登壇できるようにするための独自の講師育成プログラムや、コンテンツ開発トレーニングのプログラムを有しています。これは、グロービスのプロフェッショナル職には、経営全体に責任を持つことが期待されているため、マネジャーに昇格するにあたっては、単にマネジメントができるだけでなく、経営教育の最前線に立てる高い講師力やコンテンツ開発力を求めているためです。

グロービスは人材育成・組織開発のプロ集団であるため、これらの研修のほぼすべては内製でつくり込み、先輩社員が新しく入ってきた社員に対して教えることで、スキルやノウハウを伝承していきます。

それぞれの匠の技（スキル）を身につけ一流になっていくためのステップは、仕事においても、武道や芸術と同様に守破離という過程を踏むことが重要です。特にこうした能力開発のための研修においては、守破離の「守」に主眼を置いて、まずは基本的な型を会得できるようにプログラムを組んでいます。

●各種プログラム派遣

グロービスにおいて社員の能力開発のために用意しているプログラムは、社内のお手製プログラムばかりでなく、外部のプログラムを含めた様々な良質な場に社員を派遣することを積極的に行っています。どのようなプログラムに派遣しているかについては、次節で紹介します。

●自己啓発支援

グロービスには、会社が指定するプログラム以外にも、自分が必要と考える外部プログラムを（最低限の諸条件を満たせば）自由に選択し受講できる制度として、自己啓発支援制度を用意しています。この制度は、今取り組んでいる目の前の業務への必要性というだけでなく、自分の中長期キャリアのために必要と考えられる能力の開発を組織的に支援することを目的として用意している制度です。

この自己啓発支援制度により支援する能力開発内容は、現業務に直接的に反映されるものとは限らないことから、業務指示として受講してもらう業務研修とは扱いが異なり、半額は会社が負担し、もう半額は本人が負担する形にしています。半額を自己負担とすることで、より真剣に受講プログラムに向き合い、しっかりと自分のスキルへと昇華する意識を持って臨んでもらうようにしています。

この制度は無制限に使用できるわけではなく、年間の一人当たりの利用上限を最大20万円までと定めています。これは年間の利用上限につき、個人としては毎年20万までは利用する権利があるということです。日本企業の一人当たりの教育研修予算が3万〜4万円であることに鑑みると、これだけで20万円を出してもらえるというのは、個人的にもとても有難い制度として活用させてもらっています。目の前の業務に直結はせずとも自身の中長期キャリアのために必要な支援を組織にしてもらえるということで、利用しない手はない制度になっています。

本制度を使った自己啓発の利用用途で最も多いのが、語学学習です。グロービスは2023年3月末時点で日本を含めて27か国の社員が在籍する多国籍企業ゆえに、日本人であれば英語を学ぶ方が多いですが、中国語を学んでいる方もいます。一方で、外国籍の社員は逆に日本語を学ぶために活用しています。

次いで、コーチングスキルの習得や、文章力や対話力を鍛えるコミュニケーション系のプログラム受講に使われているケースが多いです。他にも、産業カウンセラーやキャリアカウンセラーの資格取得に向けた勉強や、デザインやプログラミング学習に使われる等、自身の業務に直結するものから将来的なキャリアを見据えたものまで多種多様な用途で活用されています。

●いつでも好きな時に学び続けられる環境づくり

これまでに紹介したプログラムはいずれも一度受講し終えたらそれで終了するものや、受講タイミングはそのプログラムを提供する組織が用意するタイミングに合わせる必要があるものばかりでした。ただ、これからは人生100年時代における生涯学習が求められる時代につき、時間的な制約なく、いつでも自分が好きな時間に学び続けられる環境を用意することも重要だと考えています。

この課題意識をもとにグロービスが開発したデジタルサービスが、「GLOBIS 学び放題」であり、「GLOBIS Unlimited」であるため、この2つのサービスはグロービスのスタッフであれば全員がいつでも利用できるようにすることで、隙間時間も活用しながら最新のビジネス知識を幅広く得ることができるような環境を提供しています。

こういった学び放題のデジタルサービスの良さは、隙間時間も含めていつ何時であろうと学ぶことができること、自分の興味関心や問題意識に応じて学ぶ領域を柔軟に変えられること、何度も見返すことができるため記憶の定着が図れること等、様々ありますが、これからの時代における能力開発において、こういった便利なサービスをどう活用し切れるかがより一層重要になってくることでしょう。

SECTION 3

各種プログラムへの積極派遣

続いて、グロービスが外部を含めた各種プログラムに積極的に派遣している内容を紹介していきます。グロービスは自らが教育を提供する会社ではありますが、その領域は経営教育に絞り込んでいるため、餅は餅屋の観点で、自社のドメイン以外の領域については、外部プログラムを積極的に活用しています。

●スクール受講・経営学修士課程支援

最初に取り上げるのが、スクール受講支援制度です。グロービスには、経営学修士を取得できるグロービス経営大学院と、非学位ながらも必要なビジネススキルを短期間で学ぶことができるグロービス・マネジメント・スクールがありますが、いずれの受講にあたっても、受講料の一部補助を受けることができます。

グロービスには、その期待役割に応じて、いくつかの職掌があります。中でも会社の経営全体に責任を持つことが期待されているプロフェッショナル職と呼ばれる職掌のスタッフに対しては、修士号を保有することを求めています。これに伴い、元々修士を取得した状態でグロービスに入社される方も一定数いらっしゃいますが、多くのメンバーはグロービスに入社した後に、働きながらグロービス経営大学院にて経営学修士（ＭＢＡ）を取得するべく能力開発をし続けています。この修士課程支援制度のお陰で、グロービスは半数近くの社員がＭＢＡホルダーとなっています。おそらく日本企業でこれ程までに修士号取得者やＭＢＡホルダーの数が多い組織は、他にないのではないでしょうか。

グロービス・ミッションには、『グロービスは、企業家プロフェッショナル集団として「社会」・「個人」・「法人」に新たな価値を提供する』と書かれているのですが、まさにここに書かれている〝企業家プロフェッショナル〟になるべく、多くのグロービス社員が日々自己研鑽に励んでいます。

●博士後期課程支援

グロービスでは経営学修士取得のための支援に留まらず、更にそこから博士号を取得する意志がある方の支援ができるように博士後期課程支援制度も設けています。

この博士後期課程支援制度は２０２２年にできたばかりの制度なので２０２３年時点で活用している社員はまだ一握りに過ぎませんが、今後は益々キャリアが複線化し、各々の専門性を高めたいニーズが増えてくることが予想されるため、これから本制度を使って博士号を取得する方は増加していくことでしょう。

●海外短期留学制度

グロービス自身は、現在「テクノベート時代における世界№１ ＭＢＡ」になることを志すビジネススクールでありますが、海外には様々な良質なプログラムを提供している高等教育機関があります。

よって、私たち自身が井の中の蛙になることなく、どんどん世界から学び続けるためにも、グロービス社員を積極的に海外のエグゼクティブスクールを中心とした短期集中プログラムに留学派遣をしています。この海外短期留学制度は、社員にとっては、海外の最新の経営プログラムを学ぶことができることはもちろん、様々な国のエグゼクティブ層と繋がりを持てる良い機会になっています。

そして海外短期留学プログラム修了後には、必ずそこでの学びを社内に還元するための勉強会を派遣者が主体的に行っています。これにより、新しく学んだ知を個人に閉じることなく、組織に還元することができています。

●教養習得を目的とした外部プログラム派遣制度

グロービスとして、自社が提供していない領域の良質なプログラムに対しては、毎年、定期的に一定数のスタッフを外部派遣しています。

その代表例がアスペン・セミナーです。アスペン・セミナーは、各国にあるアスペン研究所が開催しているセミナーで、古今東西の古典を素材にした対話を通して、リーダーに必要な教養（リベラルアーツ）を学べる場です。

グロービス代表の堀が２００８年に米国のアスペン・セミナーに参加したことを皮切りに、グロービスのミドル層以上の希望者に対して、毎年、日本もしくは米国のアスペン・セミナーへの参加機会を提供しています。

日本アスペン研究所のホームページには、アスペン・セミナーの説明箇所に、次のような記述があります。

……

「組織や社会を導くリーダーには、従来のＭＢＡ的なスキルに加えて、深い教養

……

（リベラルアーツ）に裏付けられた洞察力・価値観、ビジョン構想力、さらには豊かな人間性が求められています」

まさに経営リーダーには、グロービスが提供するMBAスキルと対を成す形で、深い教養が求められます。私もアスペン・セミナーに参加した一人ですが、魂を揺さぶられるような貴重な経験だったと感じています。

●役員に特化した能力開発機会の提供

グロービスは、グロービス経営大学院や企業内研修において、沢山の経営リーダーを輩出してきましたが、世の中のビジネススクールと同様に、元々はこれから経営リーダーになることを志す方々向けに経営教育サービスを提供してきました。ただ、VUCAの時代と呼ばれるような昨今の経営環境においては、既に経営をされている方々であっても学び直す必要性を感じていた中、世の中を見渡しても現・役員向けには良いプログラムがなかったため、2016年に新たに立ち上げたのが「知命社中」という現・役員の方々向けのプログラムです。

この「知命社中」自体は、グロービスが世の中の役員層の方々にご参加頂くために始めたプログラムにつき、様々な企業の経営者の皆さんがご参加下さっていますが、毎年グロービスからも受講者を派遣しています。グロービスにおいては、マネジャー以上のメンバーは基本的に皆MBAを持ち経営学の講師をしているメンバーばかりですが、そういった一流のビジネスパーソンに更なる成長をしてもらうためのプログラムというのは、世の中に中々ありませんでした。そこでグロービスでディレクター以上の重責を担っているメンバーに対して、更なる経営者としての次元を高めてもらうべく、この「知命社中」に参加し、他社の役員の皆さんと切磋琢磨し、自己を磨き続ける機会を提供しています。

変化が激しく、数年後が見通せない今の時代において、役員になることがビジネスパーソンとしてのゴールではありません。「組織の成長は、リーダーの器によって決まる」と言われる通り、結局、組織はリーダーの器の大きさ以上にはなれないのです。であるならば、「経営者の一員たる役員になってからこそ、本当の経営における勝負が始まる」ということだと私は捉えています。皆さんの会社では、役員が更なる高みを目指して学び続ける仕組みをつくれているでしょうか？

●各種カンファレンスへの参加

「組織の成長は、リーダーの器によって決まる」からこそ、グロービスでは、上位役職者ほど積極的に外に出ていき、社外から学ぶ（インプット）と同時に、世の中に発信（アウトプット）していくことが求められます。そのため、各界のリーダーが集まる場には、グロービスからも経営メンバーも積極的に参加するようにしています。

代表の堀は、世界のリーダーが集う場である世界経済フォーラムの年次総会（通称ダボス会議）に、日本人としては珍しく毎回必ず参加し続けています（２０２３年時点で計15回参加しているとのこと）。世界経済フォーラムの地域会議には、他のグロービスの経営メンバーが参加することもあります。他には各種国際会議や経済同友会等、経営メンバーを筆頭に様々な場に参加することが推奨されています。もちろん、日本版ダボス会議とも称されるＧ１サミットにも参加し、各界のリーダーと共に日本をより良くしていくための議論・行動をしています。

グロービスでは、代表の堀が以前から全く変わりなく、自分を高め続け、世界に挑戦する行動を率先して行っているため、他の社員も負けてはいられないと経営メンバー以下全員が自分をプッシュして外へ外へと出るようにしています。

SECTION 4

外部知の積極的取り入れ

●知の創造勉強会

グロービスでは、代表の堀によるダボス会議やＧ１におけるネットワークにより、様々な分野の最先端を切り拓いているリーダーの方々との繋がりがあることから、そういった各界のリーダーの方に、グロービスにお越し頂き、社内向けにご講演頂く機会を積極的に設けています。最新の知見に触れられることで、新たな知を生み出していくことを志向して、この勉強会は「知の創造勉強会」と呼ばれています。

グロービスの社員としては、自社オフィスにてランチをとりながら、なかなか他では聞けないような超一流の経験談や最新のお話を聞かせて頂く機会を得られるため、とても有難い場となっています。

●創発的に開催される各種勉強会

私がグロービスに入社した16年前からずっと感じ続けていることですが、とにかく、社内を飛び交う情報量や、自主的に開催される勉強会の数が、非常に多いのです。

これは2つの理由によって実現されていると個人的に感じています。まず1つは、経営教育を提供する上で押さえておくべき情報は非常に多岐にわたるため、知的好奇心が高い社員ばかりであるという点です。経営教育を提供するためには、最新の経営理論を押さえることは当然として、それ以外にもその背景となっているマクロ環境（政治、経済、社会、技術）と時代の潮流、各業界の変遷、新たな教育手法、教育に影響を与える脳科学や心理学など、実に幅広い領域の知識が必要になります。そういった事業特性から来る社員の学習欲や情報収集心が強く影響していると考えます。

もう1つは、フラットでオープンな社風が影響していると考えます。グロービスでは、誰もが惜しみなく、新たに自分が知った情報をすぐに全体に共有する社風が醸成されています。よって、自分が読んでみて学びが多かった本の紹介や、受講してきた外部セミナーの内容の共有といったことが、至るところで情報交換されています。

勉強会の開催頻度も凄まじいです。できることならば私もすべて参加したいのですが、あまりに数が多いため、とてもすべてに参加することが叶わない程の大小様々な勉強会があちらこちらで開催されています。しかも、これらの勉強会は誰か特定の人のみが開くということではなく、「これは組織の為になる」と思った人が自主的に勉強会を開催し、組織に貢献してくれています。

以上の通り、グロービスでは、社会人教育におけるリーディングカンパニーらしく、社内においても、本人が望めばいくらでも学び、成長できるだけの環境を用意しています。少しでも、読者の皆さんの会社における能力開発の仕組みにとってご参考になれば幸いです。

CHAPTER 6
評価

本章では、グロービスにおける評価制度について紹介します。

一般的に社員の不満というのは、「自分への評価に納得がいかない」というケースが少なくありません。確かに人が人を評価する営みは、とても難しく悩ましいテーマです。グロービスでは、この難しい評価に向き合うために、他では聞いたことがないような非常にユニークな制度を採用・運用しています。

ここからは、具体的にグロービスの評価の考え方、制度・仕組み、そして運用方法の肝について見ていきましょう。

SECTION 1

「Fairness」の追求

●評価に不可欠な公平性

評価に関して論ずる上で、最初に確認をしたいのが、「最も避けなければならない評価は何か？」ということです。それはアンフェア（不公平）な評価です。なぜならば、人は不公平な評価をされた時ほど、やる気をなくすことは無いためです。例えば、自分よりも遥かに頑張っていない人・成果を出していない人・怠けている人が、自分よりも高い評価を得ることがあったとしたら（もしくは、自分と同等の評価だったとしたら）、皆さんはその評価に納得ができるでしょうか？　私なら、もうその組織において頑張ろうという気持ちが無くなると思います。

逆に、「頑張った人が頑張った分だけしっかりと評価される」「きちんと成果を出した人がしっかりと評価される」というフェア（公平）な評価だったら、どうでしょう？　しっかりと自分の頑張りを認めてくれたり、やった分だけ評価が上がったりするのであれば、次は更に頑張ってみようという気持ちが湧いてくるものです。

このように、評価というものは、その在り方ひとつで、人のやる気を180度変えてしまう程に大きな影響を及ぼすものであり、その重要性はいくら強調してもし過ぎることは無いでしょう。

●人が人を評価する際に持つべき前提認識

それ程に重要な評価ではありますが、評価の厄介なところは、「何が正しい評価なのか」が非常に分かりにくいことです。もっと踏み込んで表現するならば、「そもそも〝正しい評価〟というものはあるのか？」ということを考える必要があると思っています。

人というのは、非常に多面的な生き物です。人には、物理的な肉体だけではなく、感情や気持ち、そして保有能力もあります。他にも、これまでに積み上げてきた経験や実績もあれば、それらを通じて得た知識・知見もあれば、日々発露されてくる言動もあります。しかも、それらほとんどのものは、定量的に測れるわけではなく、定性的なものばかりです。評価というのは、これらの様々な定性的な要素に対して、定量的に基準付けをしたり、優劣をつけたりする営みです。こういった定性的な要素を定量化するだけでも難易度が高いわけですが、更に評価を難しいものにさせている要因には、これらすべての要素は他者からはなかなか見えるものではないという構造にあります。このようにすべての要素が見えない中でも人は他者の評価をつけねばならないところが悩ましいところです。

また、仮に相手のすべての要素が見えたとしても、それを総合的に評価する上では、一つひとつの要素を統合化していく必要があります。その統合化にあたっては、一つひとつの要素に対する重みづけを考える必要が出てくるわけですが、その重みづけもどのように重みづけすることが正しいのかが分かりにくいものです。このように、評価というのは二重・三重の意味において難易度の高い営みなのです。

　このような性質を持つ評価というものを、果たして全知全能ではない人が正しくできるのでしょうか？　残念ながら、できるはずがないのです。そう考えると、まず評価における大前提として「人が人（他者）を１００％正しく評価することはそもそも不可能である」という認識をもっておくことが重要です。

●評価の目的

　では、結局どこまで精緻に評価項目やその仕組みをつくり込んだとしても、１００％正しく人を評価することはできないのだとしたら、評価というのはどのように扱うべきものなのでしょうか。

　１つの考え方としては、「そんなにも難しく大変であるならば、評価という営み自体を止めてしまおう」という方向性が考えられます。このように社員のランク付けをするような評価をしないやり方として「ノーレイティング」と呼ばれる仕組みがあります。これは、ランク付けをする年次評価をしない代わりに、小まめなフィードバックや継続的なコミュニケーションを重視することによって社員の成長に焦点を当てる仕組みです。

実際に、このノーレイティングという仕組みは、GEやマイクロソフト、アクセンチュア等の企業にて導入されたことで、昨今の1つの評価制度における新たなトレンドになっています。ただ、このノーレイティングも完全無欠な仕組みではなく、報酬を決めることに難儀したり、処遇の決定基準に曖昧さが残ったりする等の課題があります。よって、ノーレイティング（という言葉からは誤解されがちですが）は、一切評価をしないという仕組みではないのです。社員をランク付けすることを廃止したのみであって、報酬や処遇を決定するにあたっては、結局、その社員の能力や成果を何かしらの基準で評価することが必要なのです。

そう考えると、「評価とは、そもそも何のために（何の目的で）行うものなのか？」ということに立ち返って考えておいた方がよいでしょう。評価とは、まず1つには報酬や処遇の決定のために必要になります。ただ、評価とは、それだけでなく、本来、相手にフィードバックをする前提として必要になるものです。なぜならば、相手の言動や成果に対して何かしらのフィードバックをする際には、その良し悪しを判断する必要があるためです。つまり、評価とは、報酬や処遇の決定以外にも、本人の成長や能力開発のために行うべきものでもあるのです。社員をランク付けするレーティング型の評価では、その前者（報酬や処遇の決定）の目的は実現しやすかったのですが、後者（成長促進や能力開発）の目的に繋がりにくかったため、ノーレイティングという仕組みが生まれました。しかしながら、逆にノーレイティングだけでは、前者（報酬や処遇の決定）の目的を実現しにくくなるため、結局、評価というのは、この両方の目的をカバーできる仕組みを実現する必要があるのです。

●主観の集合による客観性

ここからは、グロービスの評価制度を紹介するにあたり、重視している考え方をご紹介します。グロービスでは、「主観の集合によって客観性を担保していく」ということを大切にしています。評価というのは、本来的に当人の仕事ぶりをしっかりと見ていた上長が行うものです。上司がその評価の対象となる業務を付与しており、上司がその結果に対して責任を負う立場にあるため、上司が評価を行うこと自体は当然のことではあります。ただ、上司の評価の仕方や相手の見方に対して、何かしらの偏りがあったり、見落としがあったりすると、正当な評価はできません。それは、同時に、評価として絶対的に担保すべき公平性（フェアネス）が損なわれる要因にもなります。

これは悩ましい問題です。上司が意図的に不公平な評価をしている場合は論外として、公平な評価をしようとしても、どうしても人の見方には偏りや見落としが生じてしまうものです。これは上司が「主観」によって評価をしているがために生じてしまう問題です。

評価とは、その評価者が見聞きした事象を基にせざるを得ないことから、評価とはあくまで「主観」に委ねざるを得ないものなのです。ですが、それだと公平性を担保するような「客観的」な評価はできません。では、どうしたら良いのでしょうか？

グロービスでは、客観的でフェアな評価を実現させるために、「主観の集合体」による評価によって客観性を担保しています。つまり、直属の上長一人の評価によって評価を決めるのではなく、複数の人の目を入れることによって、客観的な評価を実現させているのです。具体的には、上長以外に、同僚や部下からの評価も組み入れます。更には、他部門メンバーの目も入れることによって、更なる客観性を担保していくのです。このように「主観の集合体こそが客観である」という考え方を持つことが重要だと考えています。

SECTION 2

納得性の高い評価プロセスの追求

ここまでで、グロービスが評価において最も重要視している「公平性（フェアネス）の追求」について触れてきました。本節では、評価において「公平性」と同時に追求するべき「納得性」について考えていきたいと思います。

●評価における納得性

評価において、「納得性」は「公平性」と同様に非常に重視すべき観点です。なぜならば、納得していない評価を押し付けられても、その本人としては、その後もずっとわだかまりが残り続けてしまい、気持ちよく前向きに仕事に取り組むことができなくなるためです。「個の爆発」を促すためには、自身の評価に対して納得し切った上で、新たな目標に向かって邁進する必要があるのです。

故に、この「納得性」は評価において非常に重要になるのですが、世の中的には、先の「公平性」よりも、この「納得性」を得られていない評価をしてしまっているケースの方が多いように感じています。実際に、私はこれまで様々な会社に属する方々から、「自身の評価に納得がいっていない」という声を沢山聞いたことがあります。よって、ここでは評価における納得性を実現させるために押さえるべきポイントを確認していきましょう。

評価における「納得性」とは、どうしたら実現できるのでしょうか？　もし、誰がどう見ても「１００％正しい」と言える評価がこの世に存在するのであれば、皆、自分の評価に納得できるのかもしれません。ただ、前段で触れた通り、人が人（他者）を１００％正しく評価することはそもそも不可能なのです。よって、評価においては１００％の正確性を実現することで納得性を実現することはできないため、評価基準をいたずらに精緻に細かく設計するのではなく、他の方法を考える必要があるわけです。

グロービスでは、評価結果における１００％の正確性が担保できない以上、被評価者に納得をしてもらうためには、「納得性の高いプロセスを追求する」ことこそが重要だと考えています。ここから、その納得性を高めるためのプロセスとして具体的にどのような仕組みがあるかを見ていきたいと思います。

●自己申告制度

まず、グロービスの人事制度の中でも特にユニークと言われる制度に、「自己申告制度」というものがあります。これは、年度が切り替わるタイミングで、新年度の自分の職掌・タイトル・給与・役割を、他の誰に言われるでもなく、まずは自分自身で決めて、それを会社に申告するというものです。つまり、自分が新年度に、どのような役割を、どういうタイトルで、どのような給与で担うのかを、自ら申告する制度なのです。もちろん、申告通りに自分の希望が通るかどうかは、組織の審議結果次第ではあるのですが、毎年、自分の意思や希望を明示できる公式な機会が用意されています。

私は、初めてこの制度を聞いた時には、「自分で自分のタイトルや給与を申告できるなんて、なんて素晴らしい制度なのだろう！」と感激した覚えがあります。ただ、初めて取り組んだ際に、実際にはそんな生易しい制度ではないことを痛感しました。一旦の仮決めであったとしても、自分で自分のタイトルや給与を決めるということは、自分のことを客観視できていなければできないわけです。

「自分の市場における価値をいかに把握するか」、「自分は現在の給与以上の働きが果たしてできているのかどうか」、「周りから自分はどのように見られているか」といったことの自己認識が問われるわけです。故に、自分のことを客観的に見る視点に繋がるメタ認知能力が求められます。自分が周りから評価されている以上の申告を出してしまうと、組織からは「自己認識が甘い人」と判断されかねませんし、一方で控えめに出すと「成長意欲や努力をする意志がない人」と判断されるかもしれません。

この自己申告制度では、すべての社員が年に一度、必ず申告することが求められます。この制度によって、私は、毎年このタイミングで、この1年間を振り返り、自身の成果と成長について棚卸しをし、これからの新たに始まる1年間でどのような挑戦をしていくかを心に決めています。そういう意味で、この内省の時間はとても貴重なものであり、毎年、想いを固める良い時間になっています。まさに、グロービス社員全員の「自由と自己責任」が問われる瞬間でもあります。

ＭＢＯ（目標管理制度）

●ＭＢＯの目的

グロービスでは、いわゆる目標管理制度と言われるＭＢＯ（Management By Objectives）を制度として取り入れています。このＭＢＯは、〝経営学の神様〟とも呼ばれたピーター・ドラッカーが提唱した組織管理の方法であり、具体的な目標を設定し、その目標に基づいて評価する手法です。ＭＢＯが初めて提唱されたのは１９５０年代につき、経営の世界においては数十年にわたる長い歴史がある手法となっています。

ただ、１９９０年代あたりから、ＭＢＯにおける欠点として、「ノルマ管理ツールになりやすい」とか、「短期的な目標に留まりやすく大きなイノベーションを起こしにくい」等といったことが指摘され始めました。昨今ではＭＢＯに代わる新たな目標設定手法としてＯＫＲ（Objectives and Key Results）等が生まれてきています。ただ、それでもなお、ＭＢＯは他の手法には無い目標管理における明確さと組織全体への浸透のし易さから、未だにその有効性は失われてはいません。どのような制度・仕組みも、完全無欠なものはなく、何かしらの欠点を抱えているものです。ただ、その欠点をいかに最小化し、その制度・仕組みが本来持っている良さを引き出せるかは、結局は運用の仕方１つによって決まってきます。

このＭＢＯは、本来は、評価のために使うというよりは、各個人の能力向上と組織の業績向上を目的とするものです。そのため、元々はノルマ管理ツールのように使うようなものではないのですが、過去にいくつかの組織で誤った運用がなされることがあったがために、ＭＢＯの有効性が過小評価されてきた経緯があります。

グロービスでは、このＭＢＯを本来の目的通り、「各個人の能力向上と組織の業績向上のドライバー」として位置付けています。そして、それと同時に顕在化できた業績と向上した能力を公正的確に測ることで、他の制度（３６０度評価、勤怠状況など）と一体となって各個人を総合的かつ客観的に把握・評価することにも利用しています。

つまり、ＭＢＯについては、評価が先に来ているのではなく、まず能力向上や業績向上が第一の目的であり、そこまでしっかりと個人の能力と組織の業績を見ているのであれば評価にも使えるであろう、ということで結果として評価にも活用しているのです。

このＭＢＯをどういう位置づけで活用するのかといったベースとなる思想が極めて重要です。この考え方が逆転していたり、曖昧なまま運用したりしてしまうと、先に挙げたようなデメリットが顕在化し、あたかもＭＢＯ自体が使えない制度のように感じてしまうのです。

●MBOの具体運用① 目標設定

では、ここからは更に具体的にグロービスにおけるMBOの使い方を見ていきましょう。グロービスでは、MBOに臨むにあたって、まず全員に意識してもらいたいことを次の通り言語化しています。

「MBO制度は、四半期ごとにリーダーと各個人が、職務に関してじっくり時間をかけ1 on 1で率直に話し合うことに意義があります。双方が知恵を出し合って、いかにして個人として能力を高められるか、業績をいかにしたら上げられるのかを考えることが最も重要なのです。設定した目標に対する振り返りと評価を行うのは当然ですが、結果の評価そのものよりも、どちらかというと「職務役割・期待感（ミッションレベル）の擦り合わせ」「目標の設定（ストレッチした目標設定、現状能力比120%レベルを目処に）」「目標達成に向けた課題の相互共有（目標達成への課題解決努力こそが継続的な能力開発）」の諸点に関わる話し合いに重点が置かれるべきです。こうした活動を通じて各個人の自発性とチャレンジ精神が高まり自由と自己責任による企業風土が一層強化されることが期待されます」

経営の世界においては、ここ数年で一気に1 on 1という営みに注目が当たってきて

いますが、グロービスではずっと以前より、この1on1をベースとした率直な話し合いを大切にしてきています。どうしても目標設定というと、上から下への一方通行的な目標の落とし込みのようになりがちですが、そうではなく、それぞれが自分の頭でしっかりと考えて知恵を出し合うことで、個の能力向上と組織としての業績向上に繋げることが重要なのです。

その大前提のもと、期初にまず行うことは、組織・チーム内における上長・部下双方が果たすべき役割を確認し、擦り合わせることです。それができて初めて、その期待役割に基づいた具体的な目標を、本人が意志を込めて設定します。MBOにおける目標設定は、個人の能力開発においても、組織としての業績向上にあたっても、評価に使っていくにしても、最も重要となる要素の1つです。

グロービスでは、この重要となる目標設定において押さえるべきポイントを明示しています。まず前提として、この目標は本人が意志を込めて設定するものですが、事業全体の戦略、所属チームの戦略、そして各自の大きなミッション（これは、マネジメントから提示され、個人メンバー各々がコミットした内容を明示しておく）等、全体の方向性やフォーカスとの整合性は常に意識して設定することになります。

この際の目標には、結果目標とプロセス目標の両面を入れておくとよいでしょう。加えて、目標項目は1つではなく、複数（最大5つを目処）設定してもらうのですが、そのうちの

3つは事業に対する個人のミッション・業務（いわゆるライン業務）に関する内容としています。グロービスにおける目標設定の特徴は、このライン業務のみに留まらず、グロービスグループに対する貢献活動の目標も設定していることです。貢献活動における目標例としては、「自主勉強会の開催」「Waigayaへのノウハウの積極発信」「Ｇ1カンファレンスの運営サポート」「Year End Partyの幹事」等があります。これは、各人が自分の目の前の仕事だけに集中してさえいればそれで良しとはせずに、全員が「グループ意識の高揚」を持つことは経営における重点テーマであると考えるためです。

そして更にもう1つ、必ず自己能力向上に関する目標を設定してもらっています。これは必ずしも今向き合っている業務に直結しなくても構わないので、中長期的な更なる活躍を見据えて今のうちから知識・スキルを高める必要があることに取り組んでもらうようにしているものです。まさに、グロービス・ウェイにおける行動指針〝ＳＴＲＥＴＣＨ〟の最初に来る「Self-development」をＭＢＯにおける目標設定においても強く意識してもらうのです。

こういった短期目線での能力開発ではなく、中長期目線での能力開発目標をＭＢＯに入れることも重要な工夫と言えるでしょう。

また、目標全体が短期的な目標だったり、組織にとってあまり意味のない目標を設定したりすることがないように、「マクロ的視点に立ちながらも、行うべきアクションが確認できるような内容」にすることを奨励しています。人間はどうしても見えている範囲での目標を設定しがちなので、そうならないように巨視的な視点を持てるように上長がその手助けを行います。

一方で、抽象度が高く、どんなアクションをすればよいか分からない目標では、成果に繋がりにくくなります。そのため、最後はアクションを明確にすることを合わせて行います。このようにして、目標とは、到達点としてのイメージが第三者から見ても分かる内容にする必要がありますし、到達させるために必要なアクションを明確にする必要があります。上長と部下との間で、目標に対するここまでの握りがあって、初めて効果的な具体アクションに入っていけるのです。

また、関連して、グロービスでは、5つのポイントを纏めた〝SMART〟な目標設定となるようにしています。SMARTとは、Specific（個別・具体的に）、Measurable（計測可能に）、Agreeable（同意に基づいて）、Realistic（現実的な）、Time-Related（時間軸を設定して）の5つの要素のことを指します（一般的に使われるSMARTのフレームワークには、他にもAがAchievableを指したり、RはRelevantを指したりするものもあります）。グロービスでは、〝納得性〟を非常に大切にしていることから、SMARTのAを「Agreeable（同意に基づいて）」としています。

以上の要素を押さえて期初にしっかりと目標設定をするわけですが、昨今のように環境変化のスピードが早い時代においては期初に掲げた目標の前提そのものが変わってしまうことは多々あります。よって、期中においては期初に設定した目標に固執し過ぎることなく、経営環境の変化を見極め、必要に応じて柔軟に目標を変更したり、その優先順位を変えたりすることができるようにしています。

●MBOの具体運用②　目標達成に向けた擦り合わせ

最低でも四半期毎に一度は目標に対する進捗度合いを上長と共有し合い、解決策を見出すための1on1の場を設けます。1on1の場においては、課題の在り処はもちろん、その重要度・難易度・特性などを共有し、目標達成するための解決策を議論したり助言したりします。そのようにして相互認識を十分に行いながら、期末を迎えた際には年間の活動・成果を振り返り、相互の認識を確認し合うことで、評価へと繋げることになります。

このように、期中のプロセスを実のある形で行うことで、自ずと目標は達成され、能力も向上していくのです。そうすることにより、期末時点になって、結果の良し悪しやそれに対する評価の議論に多くの時間をかけなくて済むようになります。また、仮に目標が未達であったとしても、目標設定時はもちろん、期中にもしっかりとした意見交換がなされていれば、結果に対する双方の認識が一致し、高い納得感の醸成が期待できるのです。

●MBOの具体運用③　評価

ここまではMBOの考え方と具体的なプロセスを説明してきましたが、本章は評価に関する章につき、このMBOを通じてグロービスでは何をどのように評価しているのかについて触れます。

MBOを通じて評価する観点は、当人の「顕在化した成果」と「発揮された／開発された能力」としています。年次評価は毎年毎年、今後も継続的に実施していく特性から、しっかりとその該当期間〝のみ〟（1年間なら1年間）の成果と、その評価対象期間において開発された能力（つまり、期初時点と期末時点でのデルタ（差分））を確認する必要があります。

グロービスのMBO評価では、目標項目毎に5段階の評点（1点：大幅な努力向上が必要、2点：今一歩の努力向上が必要、3点：期待を概ね満足、4点：期待を相当上回る、5点：期待を遥かに上回る）で評価をつけ、最終的に総合評価も同様の5段階で評価します。目標設定に関する説明で触れた通り、目標を現状能力比120％レベルで設定するため、それを達成して3点（≒標準）

の評価になるということで、毎年、成果・能力を高めていくことを当たり前にしています。

評価というのは、どうしても感覚論的になりやすい特性を持っていますし、様々なバイアス（後述）がかかりやすいものです。だからこそ、評価における納得性を担保するためには、評価の根拠を明示することが大切となります。また、その根拠を明示するためにも、設定した目標が測定できる程に具体的であることと、期初時点での能力の見極めが十分にできていることが必要となります。もし、これらのことを曖昧にしたまま、期初をスタートさせてしまうと、最後の最後、評価のタイミングでどう評価すべきかを迷ってしまいます。加えて、自分の下した評価に対する根拠に曖昧さが残ったりすると、被評価者としては自分に下された評価に対する納得感が得にくくなるため、これは是非留意すべき点です。

それから評価にあたっては、以下のような評価バイアスが存在することに留意が必要です。

・ハロー効果：ある特定の印象深い要素（部分）によって全体の評価が惑わされる傾向
・イメージ効果：相手に抱く印象（外見や性格等）に影響を受けて評価を行う現象
・寛大化傾向：相手を甘く評価することで全体的に高評価になる傾向
・中心化傾向：相手を平均的な評価に引きつけることで全体的に差がつかなくなる傾向

・極端化傾向：相手を平均値から逸脱する程に極端に高評価または低評価する傾向
・論理的誤謬：実際には関連の無い要素を関連づけて評価することで論理的な瑕疵が生じること
・対比誤差：評価者が評価基準ではなく自分自身（評価者）を基準にして評価を行う誤り

MBO評価にあたっては、評価者一人ひとりがこれらのバイアスに対する理解を深め、意識的に何かに偏ることのない公平な評価を心掛けることで、評価に対する納得感を醸成することが重要です。

SECTION 4

360度評価

●360度評価の位置づけ・目的

グロービスの評価制度には、MBOと並ぶもう1つの重要な柱があります。それが360度評価制度です。MBOが「顕在化した成果」と「発揮された／開発された能力」を評価するのに対して、360度評価では「グロービス・ウェイの体現度合い」を評価しフィードバックします。つまり、グロービスの360度評価は、私たちが最も大切にしているグロービス・ウェイを各人がどのくらい体現できているかを定量的に評価し、定性的なフィードバックコメントをギフトとして届けるのです。よって、MBOと360度評価とでは、評価している対象を明確に分けています。

360度評価とは、上長だけでなく、同僚・部下・他部署メンバー等、複数の色々な立場の方から評価&フィードバックをしてもらう仕組みです。なぜグロービスでは、MBOと同じように上長のみが部下のグロービス・ウェイの体現度合いを評価するのではなく、360度という複数の人の目を入れて評価をしているかを説明します。私たちは360度評価の目的として、次の4つを掲げています。

①評価の客観性確保（多数の目）
②「ギフト」の発想
③あるべき姿のリマインド
④自己認識と他者認識のギャップを知る

●評価の客観性確保（多数の目）

第一に、評価における客観性を確保するためです。360度評価の大きな利点は、多数の目を入れることにより、上長のみの主観的な見方ではなく、より客観的な評価をすることができる点にあります。上長は部下の成果については網羅的に押さえることができたとしても、その成果に至る過程や日々の様々なところで行っている言動に関しては、すべてを見ることができません。つまり、上長から見えている部下のウェイに繋がる言動は、どうしても全体の中の一部分に限られてしまうのです。

また、万が一、相手によって態度を変える部下がいたとしても、その人の自分に対する態度は一様であるため、それを上長が気づくことは中々難しいでしょう。そういった上長には見えていない場での振る舞い・言動を評価できるところが、この３６０度評価の優れた点になります。３６０度評価は、まさに「主観の集合体が客観である」という思想を反映した仕組みと言えるでしょう。

●「ギフト」の発想

第二の目的には、〝「ギフト」の発想〟ということを掲げています。〝評価〟という表現を使うと、どうしても上下の関係性の中で上の立場にいる人が配下のメンバーの良し悪しを評価するような印象を与えがちですが、グロービスの３６０度評価における定性的なコメントに関しては〝良し悪しを評価する〟というよりは、〝「ギフト」の発想〟、つまりは相手にとって更なる成長のための糧となる贈り物を届けるようにフィードバックする精神を大事にしています。

これは非常に重要なポイントで、この〝「ギフト」の発想〟ができていない３６０度評価制度は、導入してもすぐに破綻してしまうことが非常に多いのです。一度は３６０度評価制度を導入したものの、うまく運用することができずに、結局止めてしまった会社を、私は多く知っています。その理由の多くは、３６０度評価を使って、ここぞとばかりに相手を貶めたり、評価コメントをもらった人が大きく傷つくような罵詈雑言が浴びせられたりすることを目の当たりにして、デメリットの方が大きいと感じるケースです。

このようになってしまうのは、まさに運用の仕方が良くないのです。決して３６０度評価制度という仕組み自体が悪いわけではないので、制度自体の良し悪しと、運用における巧拙とを見誤ってはいけません。前にも触れた通り、制度や仕組み自体に完璧さを求めることは望ましい判断とは言えません。どんな制度・仕組みにも必ずメリット・デメリットが存在する中で、いかにメリットを最大化させ、デメリットを最小化させるか、という運用の工夫の仕方にこそ妙があるのです。

グロービスでは、先に示した失敗例にあるような、次なる前向きな成長に繋がらないような内容の不健全なフィードバックをさせないように、徹底して〝「ギフト」の発想〟でフィードバックすることの重要性を説いています。

ただ、この３６０度評価に向き合うのは年に1回しかないため、どうしても1年前に聞いたことはうろ覚えになってしまうものです。なので、グロービスでは、毎年この３６０

度評価期間が始まる直前に全社員を招集して、３６０度評価において、どのようなことに留意して相互に評価をし合って欲しいのか、どのようなことに留意してコメントを送って欲しいのか、ということをしつこく訴求しています。正直、在籍年数が多い人にとっては、何回も（人によっては何十回も！）同じことを言われ続けているので、耳にタコができている人もいると思いますが、そのくらい誰でも確実にその精神が徹底できるように、繰り返し、繰り返し、伝え続けています。それでも万が一、とても〝「ギフト」の発想〟とは程遠い酷いコメントが書き込まれた場合には、人事担当にてそういったコメントは除外して、〝「ギフト」の発想〟に基づくコメントのみが本人に届くように運用しています。

●あるべき姿のリマインド

３６０度評価の第三の目的は、グロービス・スタッフとしてのあるべき姿をリマインドすることにあります。グロービスの３６０度評価は、グロービス・ウェイの体現度合いを評価するためにあるため、基本的にすべての質問がグロービス・ウェイに準拠した質問項目になっています。それらの質問項目1つひとつに対して、6点満点で評価をしてもらいます。5点満点ではなく、敢えて偶数を最高点とすることで「普通」や「どちらでもない」という評点をつくることなく、少なくとも「どちらかと言えばできている」か「どちらかと言えばできていない」ということを真剣に考えられるようにしています。また、資格ごとの平均点を全社員に公開することで、今の自分に求められる基準や次のステップで求められる基準を明示しています。

つまり、360度評価の質問項目を確認し、その観点で他者や自身を評価しようとする営み自体に、「私たちは、グロービス・スタッフの一人として、どう振る舞い行動することがあるべき姿であるのか」ということを思い起こさせる効用があるのです。

私も普段からグロービス・ウェイを意識して仕事をしているつもりですが、それでも毎年この360度評価に取り組む中で、「人のことを評価する前に、自分自身、最近この観点の意識が薄れていたな」と考え、日々の自身の振る舞いを振り返り、内省する時間にもなっています。このように、360度評価を通じて、グロービス・ウェイを体現する言動をリマインドすることに繋がっていることが、グロービス・ウェイが全社に浸透している大きな要因の1つになっていることは間違いないでしょう。

●自己認識と他者認識のギャップを知る

そして、第四の目的は、自己認識と他者認識とのギャップを知ることにあります。グロービスの360度評価は、他者を評価するのみならず、同じ質問項目で自身のことを評価する自己評価も併せて実施しています。こうすることで、他者から得られたフィードバックと自己認識とのギャップが明確になります。いわゆる〝ジョハリの窓〟で言うところの、自分は気づいてないけれども他者からは見られている自己である「盲点の窓」への気づきを得ることができるのです。

　このギャップがどこにあるかが明確になると、人は「それがなぜ生じたのか？」「どういった振る舞いや言動に由来するのか？」といったことを内省するようになります。この内省が、自らの今後に向けた前向きな気づきに繋がるのです。よって、この360度評価後の内省は非常に重要な営みにつき、必ず実施するように仕組みとして担保した方がよいでしょう。

●自己成長に繋げるための自己内省と上長との対話

　360度評価制度を取り入れている会社であっても、評価をやりっ放しでその後は特に何もしていないというケースが少なくありません。それでは余りにも勿体なく、360度評価の効果も半減してしまいます。

　グロービスでは、まずは本人がしっかりと自分の中で内省してもらい、その内省結果を上長や部門長との面談の場で確認し対話する時間を取っています。こうすることで、本人の中では気づけなかったポイントや解消し切れなかった解釈に対して、更なる深みを加えることができます。その深い気づきを自身の今後の振る舞い・言動の改善に活かし、また翌年の360度評価にて「そのギャップが埋まったのかどうか？」「経年でどのように変わってきているのか？」を確認し、継続的な自己成長とグロービス・ウェイの体現強化に繋げています。

●ウェイの体現が求められる上位層ほど重要となる３６０度評価

なお、グロービスの３６０度評価は、全社員が対象になっており、タイトルが上位のメンバー程、高い基準が求められます。なぜならば、３６０度評価はグロービス・ウェイの体現度合いを表すためです。役職者がグロービス・ウェイを体現できていなかったら、その配下のメンバーにウェイの体現を促すことなど到底できません。そうした状況を放置すれば、徐々にウェイが実践されない組織となっていき、いつの間にかグロービス・ウェイが形骸化していく恐れすらあります。よって、タイトルが高い人ほど高い次元でグロービス・ウェイを体現することが求められるのです。

故に、グロービスでは、どんなに成果を出し能力を高めていたとしても（つまり、ＭＢＯ評価が高かったとしても）、３６０度評価が同タイトルの平均にも満たない場合には、その人物を昇格させることはありません。代表の堀も例外ではなく、毎年自身の評価を他の経営メンバーや自部門メンバーから受けており、その結果を取締役会にて開示をし、自身の報酬決定にあたっての一つの重要情報としています。会社のトップまでもが他のスタッフと同様に３６０度評価を受け、それを取締役会で開示することまで行っている企業は中々ないのではないでしょうか？

私は、このグロービスの３６０度評価制度における考え方は、人事における納得感と透明性を担保する素晴らしい仕組みであると感じています。

SECTION 5

複眼×時間をかけた評価

●総合的かつ客観的な評価

グロービスにおける年次評価は、以上見てきた通り、上長からのＭＢＯ評価と、一緒に働いたメンバーからの３６０度評価、を2本柱としています。そして、勤怠状況も当然ながら勘案した上で、各人を総合的かつ客観的に把握し評価するようにしています。

ＭＢＯにおける評価をするまでは上長の役目となりますが、ＭＢＯ評価、３６０度評価、勤怠状況を総合的に勘案した評価を確定し、処遇・報酬を決定するのは、全社の経営メンバーから選出されたＨＲコミッティ（以下、ＨＲＣ）メンバーを交えて行われます。これによって、部門により評価や処遇の仕方が異なることのないように、また特定の部門や特定のチームのみが優遇されるようなことがないように、全社レベルでのフェアネスを担保しています。

ただ、その仕組みを機能せしめるためには、HRCメンバーが普段一緒に仕事をしていないメンバーや直接面識のないメンバーの評価を確認し、処遇・報酬を決定していくことになるため、社員一人ひとりの過去一年間の役割・実績／成果・能力向上について把握をする必要があります。そのためには、直属の上長や所属部門長が各メンバーに関するそれらの詳細情報と評価内容に対する説明責任を果たす必要があります。また、その説明を受けてHRCメンバーと部門のリーダー陣とで、一人ひとりに対して公平な評価となるように喧々諤々意見を交わして、処遇・報酬を決めていきます。これを部門単位でそれぞれ行った後、更には全社としてのフェアネスを担保すべく、全社単位でも行う2段階審議形式を取っています。

●公平性と納得性の担保に必要な3か月間にわたる評価期間

このように、上長によるMBO評価や、複数の目を入れる360度評価から始まり、一人ひとりに対する審議を部門単位および全社単位で相当な時間をかけて行うため、グローバスにおける評価・処遇決定にあたっては、毎年3か月間もの期間を費やしています。経営メンバーを含めた相当な人数が年間の4分の1にもあたる時間を充てているため、どれだけのコストをかけて実施しているか、その本気度がお分かり頂けるのではないでしょうか。

それ程に、人の評価や処遇の決定は重要であり、「個の爆発」の前提としての公平性と納得性のために、複数の人が関わり、プロセスとしての納得性を担保するようにしています。

CHAPTER 7
処遇・報酬

本章では、グロービスにおける処遇・報酬制度について紹介します。前章の評価を受けて、どのような考え方で処遇（昇進や昇降格）を行うのか、報酬制度やその基になる考え方について見ていきます。

グロービスでは、処遇・報酬にあたっては、次の４つを基本的な考え方として定めています。

①「成果」「能力」および「期待」に基づいた報酬
②「利益還元」の原則
③「市場価値」の勘案
④「信賞必罰」の実践

「成果」「能力」および「期待」に基づいた報酬

●報酬体系パターンと日本企業におけるトレンド

世の中には、様々な報酬（給与）体系が存在します。例えば、社員の年齢や在籍期間に応じて報酬を設計する年功給、社員のスキル・知識・経験に基づいて報酬を設計する職能給、社員が担当する職務や責任の範囲に応じて報酬を設計する職務給、社員が達成した成果や業績に基づいて報酬を設計する成果給などがあります。

旧来のメンバーシップ型の人事管理の考え方を持つ日本企業は、年功給を採用していた企業が多くありました。ただ、年功給は優秀な若手社員を動機づけることが難しい報酬制度につき、昨今では完全な年功給を採用している企業は減り、職能給や成果給にシフトしたり、それらを組み合わせたりしている企業が多く見られます。

また、成果給については、１９９０年代以降、一時期、米国型の成果主義の考え方と共に導入を試みる企業が増えた時期がありました。しかしながら、成果給については、企業内での競争激化やチームワーク／組織文化への悪影響が指摘され、しっかりと根付いた日本企業は多くはありません。一方で、最近のトレンドは、多様な人材を組織に惹きつける必要性や労働人口の減少に伴う生産性の向上の必要性等から、人事制度をメンバーシップ型からジョブ型に移行しようとする日本企業が増えてきており、それに合わせて職務給への切り替えが模索されています。

●納得感と個人・組織双方の成長を加速する報酬設計

皆さんは、これだけ様々な報酬体系がある中で、どの報酬体系を採用することが自社にとって最も望ましい報酬のあり方だと感じるでしょうか？　それを考えるにあたっては、「そもそも報酬とは何のために存在しているのか？」といった根本的な目的や意義から考えるとよいと思います。

報酬とは、いくつかの目的に基づき支払われるものです。まず1つには、とある業務における努力や成果、組織貢献に対する「対価」として支払われます。それから、報酬には、今後に向けた、より一層の努力や成果を上げるための「動機づけ（インセンティブ）」としての意味合いがあります。加えて、報酬には、組織が、個人の努力や貢献に対して「承認している」「評価している」というメッセージを伝える意味合いも含まれます。

つまり、報酬には、過去の努力や成果に対する「対価」の意味合いと、今後に向けた更なる努力のための「動機づけ（インセンティブ）」の意味合いと、更には「承認・評価のメッセージ」としての意味合いとがあるのです。そう考えると、組織に貢献すればする程、その貢献度合いが反映される報酬であるべきですし、努力をすればする程、その努力分がしっかりと反映される報酬であるべきです。更には、今後の期待を高く掲げれば掲げる程、その期待に見合う報酬であるべき、ということになります。そう考えると、どの報酬体系が最も望ましいと思えるでしょうか？　私には既存のいずれの報酬体系をいずれか１つ採用したとしても、多くの社員が納得でき、かつ、個人と組織が共に成長し続けられるようにすることは、難しいのではないかと感じられます。

　グロービスでは、ジョブ型の考え方に基づく職務給でもなく、日本型の年功給や単なる職能給でもなく、「成果主義」「能力主義」そして「今後の期待」に基づいた報酬体系としています。このうち、「成果主義」「能力主義」については、前章で触れたＭＢＯ評価に基づいた報酬を設計するものとしています。

　まず、グロービスが取り入れている「成果主義」ですが、この1年間で実現した成果に基づいて報酬を考えるものです。よって、成果給の要素が入っていると言えます。ここで言う成果とは、ＭＢＯで定めた目標に対する成果となるため、単なる結果だけではなく、プロセス目標も入りますし、組織貢献目標に対する成果も入ります。よく成果主義の弊害として、個人の成果に走り過ぎる余り、チームワークが悪くなったり、人材育成が疎《おろそ》かになったりすることが指摘されることがあります。ただ、これは成果主義そのものが悪いのではなく、そういった弊害が出てしまう所以は、目標設定の拙さによるのです。目標の内容を、個人の結果数字（業績）のみに置いてしまうと、必然的にそのような弊害が出てきてしまうわけです。そうではなく、目標には結果としての業績目標以外に、プロセス目標や人材育成目標、そして組織貢献目標を必ず入れるような仕組みにしておけば、その弊害は容易に防ぐことができます。

続いて、グロービスの報酬は「能力主義」にも基づく、としています。つまり、これは成果給だけでなく、能力給の要素も入っていることを意味します。ただし、多くの会社で採用されている一般的な能力給の考え方は、「一度獲得した知識や能力は低下しない」という前提を置いていることが多く、基本的に昇給あるのみで、降給という発想は含まれない体系になっているかと思います。しかしながら、グロービスにおける能力主義は、〝実際に発揮された／開発された〟能力に対して報酬を支払うこととしています。これは、いくら高い知識・能力を保有していたとしても、それが周囲から見える形で発揮されていないとしたら、その能力分は報酬には反映しないという考え方を採っています。よって、実際に発揮された能力が以前と比べて減少していると認められる場合には、降給ということもあり得るのです。

加えて、グロービスにおける報酬は、過去（成果、能力）だけでなく、未来の役割を反映させるべく「今後の期待」を加えて決定します。「今後の期待」とは、将来におけるポテンシャルを加味するという意味ではなく、新年度における役割期待のことを指します。グロービスには、役職手当というものは存在しませんが、従来よりも重い責任を担う場合や、役割範囲が広くなる場合には、その期待の変化度合いに応じて報酬に反映させます。これは、いわゆる職務給の要素と言えるでしょう。

つまり、グロービスにおける「成果主義」「能力主義」そして「今後の期待」に基づいた報酬体系というのは、成果給、（発揮ベースでの）能力給、そして職務給を組み合わせた報酬になっているということです。この成果・能力・職務をすべて勘案して処遇・報酬を決めることから、いずれか一つに偏ることがないため、とても納得感が高い考え方だと私は感じています。

ただし、いずれか一つに絞った方がシンプルに報酬を決定できることは確かです。よって、このグロービス独自の複数の要素を勘案した報酬設計は複雑性が高く、容易に決められるものではありません。実際にグロービスでは、一人ひとりの処遇・報酬を決めるために相当な時間を投じています。

ただ、皆さんは、容易に決められるけれども大事な要素を見落とした処遇・報酬体系と、複雑性が高く決めるのに難儀するけれども押さえるべき要素をしっかり押さえた処遇・報酬体系とでは、どちらに基づいて自分の処遇・報酬を決めてもらいたいでしょうか？　グロービスは公平性と納得性を大事にしていることから、後者の考え方を採っているのです。

SECTION 2

「利益還元」の原則

●プロフィット・シェアリング

グロービスの報酬に関する重要な考え方に、「利益還元」の原則というものがあります。これは、毎年生み出した利益が貢献した社員に還元されるようにするという考え方です。故に、グロービスでは、むやみやたらに固定分の給与を多くすることなく、しっかりと利益を貢献度合いに応じて社員に還元していくことで、全体としての報酬が高くなる仕組みを追求するようにしています。

固定給というのは、それを受け取る社員からすると安定的な収入になるものです。その安定収入が常に保障されている状態というのは、社員からすれば安心できるものでしょう。しかしながら、組織や自分の成果や業績と関係なく安定的な収入が入ってくるというのは、人を安住させてしまいやすいというデメリットもあるのです。グロービスは、「変化と変革」を前提とする組織であり、グロービス・ウェイにある通り、社員一人ひとりには常に

「Self-development」を求めています。そうした「変化・変革」「自己成長」といった〝変わり続けていくことを旨とすること〟と、社員に安住を促し易くする固定給に比重を置く報酬制度とは、相容れないのです。

企業は、利益を生み出すことができなければ存続し続けていくことができません。その企業存続にあたって不可欠な利益というものは、本来、経営者だけでなく、その組織にいる全社員に強く意識してもらいたいものです。

よく私は、法人クライアントの次期経営者層を集めた選抜型リーダー育成の場で、次期経営者候補の皆さんに自社の業績（売上・営業利益・経常利益等）を訊くのですが、きちんと回答できる方はほぼ皆無です。もちろん、それらの企業で、自社の業績が社員に開示されていないということはありません。ほとんどの会社において、組織に所属している人たちは、自社の利益に対してそれ程に無頓着になっているのです。これは、社員が「その組織に属していれば、（業績が良かろうと悪かろうと）自分の給与が払い込まれることが当たり前である」と思ってしまっているということです。これがいわゆる〝サラリーマン根性〟と言われるものの一種であり、社員が自社の経営に対して意識が希薄であることの表れです。

グロービスでは、自分たちの存在意義を表すミッションに「企業家プロフェッショナル集団」という言葉を使っています。全員が経営におけるプロであるという自己定義をしている集団であるため、一人ひとりに経営マインドと自社業績に対する高い意識・関心を持ってもらいたいと考えています。そのためにも、報酬全体に占める要素として、固定給の割合をむやみたらに増やすのではなく、毎年変動していく利益をしっかりと生み出すことができた場合には、貢献に応じてその利益を社員に分配していく仕組みを取り入れています。この制度のことを、「プロフィット・シェアリング」と呼んでいます。

このプロフィット・シェアリングと、多くの企業が報酬として支払っている賞与（ボーナス）とは似て非なるものです。ボーナスは通常、個々の社員やチームのパフォーマンスや目標達成に関連して支払われたり、予め定められた基準（月給の数か月分等）に基づいて決定されたりします。

一方で、プロフィット・シェアリングは、企業全体の利益を全社員に分配する仕組みであるため、支払われる金額は企業全体の利益次第となります。つまり、大きな利益を生み出せた年には、還元される金額は非常に多くなりますが、逆に万が一赤字になった場合には1円も支給されないものとなります（幸い、グロービスは創業以来一度も赤字になったことはないため、利益額が小さかった創業数年間の時期を除いて毎年しっかりとプロフィット・シェアリングが支給されています）。よって、ボーナスよりも、社員一人ひとりに、企業全体の成功に貢献することを意識してもらいやすい仕組みと言えるでしょう。

●自社株取得制度

グロービスでは、一人ひとりに自社の経営に対する高いオーナーシップ意識を持ってもらいたいことから、自社株取得制度を運用しています。グロービスは非上場企業であるだけではなく株式公開をしないことを決めている企業なので、株価は純資産額によって決まります。つまり、毎年利益を出し続けることができれば、株価が上がっていく仕組みになっています。実際にグロービスの株価は、毎年の黒字業績を受けて上がり続けています。よって、株主（≒社員）は、企業全体としての利益を出すことができれば、配当金が入ってくること（インカムゲイン）に加えて、株価の上昇益（キャピタルゲイン）も得ることができます。

日々行っている仕事の価値を創造し、その価値をお客様に届けて利益を出していけば、基本給の成果が上がることに加えて、プロフィット・シェアリングによる利益配分をもらえて、更には自社株を保有していれば配当金と共に株価の上昇益を得ることができるのです。このように、グロービスでは、会社の利益に貢献すればする程、自分たちの報酬にそのまま跳ね返ってくる仕組みを構築しています。これは、一人ひとりに経営マインドを持って業務に邁進してもらう意味でも非常に理に適った仕組みになっていると感じています。

SECTION 3

「市場価値」の勘案

●ウォー・フォー・タレント時代の採用

日本国内の有効求人倍率は、ここ10年間、優に1倍を超えている（有効求職者数を有効求人数が上回っている）状況です（厚生労働省の発表による2023年6月の有効求人倍率は、1・30倍）。マッキンゼーが1997年から「ウォー・フォー・タレント」という言葉を使い始めましたが、年々、人材の獲得や維持が困難になってきていることを踏まえると、まさに現代はウォー・フォー・タレントの時代と言うことができるでしょう。

人材の獲得や維持にあたって、処遇・報酬が1つの重要なファクターになっていることは間違いないでしょう。以前であれば、実際の市場価値よりも低水準の報酬で社員を雇用していたとしても、いざその方が転職をするまでは、本人が自分の市場価値に触れる機会は多くはありませんでした。ところが、昨今は転職市場において競争入札型の転職サービスやダイレクトスカウトサービスが活況を呈してきたことにより、以前よりも社員が自身の市場価値に触れる機会が増えています。

グロービスでは、前節までに説明した通り、独自の報酬の考え方を持っていますが、一方でその報酬基準が市場と乖離してしまっていると良くありません。故に、常に職種別・年齢別・役職別といった採用市場の情報を収集することで市場価値を念頭においた処遇をするようにしています。また、世の中全体が一気に景気後退の波が押し寄せる際には一律に給与を調整することも即時検討します。逆に昨今のようなインフレ下においては全員一律給与アップすることを迅速に判断し、皆に公表するようにしています。こうすることで、会社と個人とが常に意志をもってお互いを選択している（組織側からすると「雇用する」／個人からすると「所属する」）という適度な緊張関係を創出・維持できることから、相互のより一層の納得感に繋がると考えています。

SECTION 4

「信賞必罰」の実践

●厳格な昇降給・昇降格

先に説明した通り、グロービスでは、成果給、（発揮ベースでの）能力給、そして職務給を組み合わせた報酬体系を採っています。よって、前年よりも大きな成果を出したり、発揮された能力が高まったりする方は、毎年どんどん昇給・昇格をしていきます。また、これから前年よりも難易度の高い職務や責任の重い役割を担うことが期待される場合にも昇給・昇格をしていきます。つまり、グロービスでは年齢や入社タイミングに関係なく、高い成果を出した方、人一倍努力をして能力を高めた方、意志を持って機会を創出し高い期待役割に挑戦する方には、高い処遇・報酬を提示することができます。

逆に言えば、昨年度よりも今年度の成果が明らかに落ちた場合や、期待した能力を十分に発揮したとは言えない場合には、残念ながら降給・降格になります。年功給や能力給を採用している多くの企業においては、懲戒事案のような余程のことが起きない限りは降給・降格はないのではないでしょうか？

そうした企業の方からすると、グロービスが当たり前に降給や降格を適用することに驚きを感じるかもしれません。ただ、私は組織を健全な状態に保つためには、この信賞必罰に基づく降給・降格は不可欠だと考えています。

私がこれまでに見てきた多くの会社では、降給・降格という仕組み自体は存在するものの、実態としては余程のことが無い限りは適用されることはないようでした。降給・降格が基本的に発生しない組織において逆によく起こっていることは、一度上位の役職に就いた人がその立場に安住するようになり、新たな挑戦や更なる努力を怠るようになることです。

部下の立場からすると、自分の上司がその職責に相応しい努力をしていない姿を見ることほど白けることはありません。部下は、良くも悪くも自分の上司の仕事ぶりに多くの影響を受けます。組織の成長とは、リーダーの器によって決まるものです。であるならば、その職位に相応しくない方を降格することも、与えている報酬に相応しくない働きぶりしかしていない人を降給することも、健全な組織を保つためには至極当たり前に行うべきことだとグロービスでは考えています。これは、厳格な人事運用であって、冷酷なものではありません。人事とは、フェアネスを担保するために、冷酷であってはいけませんが、厳格であるべきなのです。

また、グロービスにおいては、前章の３６０度評価制度に関する説明にて、どんなに成果を出し能力を高めたとしても、３６０度評価が同タイトルの平均にも満たない場合には昇格することはないことに触れました。それくらいにグロービスではウェイの体現度合いを表す３６０度評価の結果をタイトル決定にあたり重視しています。よって、同タイトルにおける３６０度評価結果の平均を大きく下回る状況が続くようであれば、この場合も降格を適用することになります。

実際に、とあるマネジャーであった方が、３６０度評価において、マネジャーのタイトル平均を大きく下回ってしまったために、その方に対しては降格を言い渡さねばならないことがありました。ただ、その方はその後、自身の３６０度評価における課題点に真摯に向き合い改善行動をとったことにより、翌年にはそれがきちんと３６０度評価結果に反映され、見事に再昇格を果たしたのです。

よって、一度降格したからと言って、それが今後のキャリアを閉ざすことを意味するのではなく、あくまで自分にとっての成長課題を明確にして、自身の次なる成長のために、その課題を克服するためのきっかけとして捉えてもらうものとしています。

SECTION 5 「Communication」の重視

ここまでで、グロービスの処遇・報酬における基本的な考え方を説明してきました。ただ、前章の評価ならびに本章の処遇・報酬を伝える際に、グロービスにおいて非常に重要視していることがあるため、本章の締め括りとして付記します。

それが、「Communication」の重視です。何を当たり前なことを言っているのかと思われるかもしれませんが、ここで言っているコミュニケーションとは「双方向のコミュニケーション」のことです。皆さんの会社では、評価や処遇・報酬を本人に伝える際に、一方的に上長や組織側から伝える形になっていないでしょうか？　グロービスでは、上長や組織からの一方的な伝達にならないように、本人の言い分をしっかりと聴きながら、お互いの言い分を伝え共有し合うことによって、初めて真の納得感が得られるものだと考えています。

その双方向のコミュニケーションを担保するために、グロービスでは「アニュアル・インタビュー」という場と、「異議申立制度」というユニークな制度を取り入れています。

●アニュアル・インタビュー

まず「アニュアル・インタビュー」という場について説明します。アニュアル・インタビューとは、文字通り1年に1度開催される面談の場なのですが、ここでは、部門単位そして全社単位で審議された一人ひとりの評価および新たな処遇・報酬の結果を部門リーダー又は上長から本人へフィードバックを行います。また、この場では評価および新たな処遇・報酬だけでなく、今後の新たな期待を伝える場にもなっています。

なぜ、評価・処遇・報酬の審議結果を単に書面通知して終わらせるのではなく、わざわざ部門リーダーもしくは上長が時間を取って対面形式にて時間を取っているかというと、この評価・処遇・報酬そして今後の期待役割に対する納得感こそが、「個の爆発」にあたって不可欠だと考えているためです。

ここで納得することができず、モヤモヤが残ったままに新しい一年が始まったとしても、きっと気持ちよく自身の役割発揮に邁進することが叶わなくなってしまうことでしょう。

グロービスでは、各人が自分の果たすべき役割発揮に１００％集中して取り組めるように、このアニュアル・インタビューの場を使って、しっかりと組織と個人とが対等な関係性の中でお互いが求めていることを改めて〝握り直す〟ことが非常に大切だと考えています。この場で、新たに処遇するタイトルや報酬金額を本人にお伝えし、納得してもらえれば納得した証拠としてのサインをもらい、組織・個人ともに気持ちよくまた新たな期待に基づく業務に邁進していきます。

プロ野球選手が毎シーズン終了後に球団との間で年俸更改を行いますが、ある意味、そのビジネスパーソン版のような場になっていると捉えて頂ければよいかと思います。ただ、だからと言って、グロービス正社員の雇用契約が単年契約になっているということではなく、もちろん、無期雇用ベースの契約にはなっていますが、処遇や報酬といった条件面や業務内容についてはお互いに納得ができる形で握り直すケジメをつけているのです。

前章の３６０度評価に関する説明で、３６０度評価はやりっ放しではその効果は半減してしまうことに触れました。３６０度評価は、いかにその後に内省の時間を確保するか、そして上長や部門長との間で確認・対話するか、が重要です。グロービスでは、このアニュアル・インタビューの場を使って、自分の３６０度評価結果について内省した結果を部門長や上長に話してもらい、今後の成長の糧にするために対話をしてもらうようにしています。

●異議申立制度

アニュアル・インタビューは、「個の爆発」をする前提として必要となる納得度合いを確認するために必要な場です。どんなに組織が時間をかけて審議した結果であったとしても、本人からすると、その評価・処遇・報酬・新たな期待役割のいずれかに納得ができないということは生じ得ます。

その場合には、無理やりその納得できない気持ちを飲み込んでもらうのではなく、納得ができるまでしっかりと対話をし続けることが重要です。グロービスは、こうした組織が出した結果に納得できない方が、その言い分を表明し再審議を要請することを制度として担保すべく、「異議申立制度」を用意しています。

前章で述べた通り、人が人を評価する営みは非常に難しいものです。場合によっては、その方を適切に評価するにあたって重要な要素を見落としてしまっていることも考えられます。なので、ここまでにどんなに時間を費やして審議をしてきたとしても、評価を決める上での前提となる評価するべき要素の見落としがあるのであれば、それを加味して再審議することが望ましい姿です。組織と個人との関係性は、一般的には組織の方が力を持ちやすい傾向があるため、このように個人側の言い分を表明することができ、その言い分をきちんと吸い上げる仕組みを用意することが肝心です。こういった異議があった場合にその異議を申し立てられる場がない企業においては、自分の評価・処遇に納得がいかない社員は、その声を発することなく会社を去って行ってしまうことでしょう。

グロービスの異議申立制度は、組織が決定した評価・処遇・報酬等に不服がある場合には、部門長との協議を最大2回まで実施し、それでも双方のギャップが埋まらない場合に、異議申立を出すことができるようにしています。異議申立を出した社員は、その社員が希望するＨＲＣメンバーと協議することができます。つまり、異議申立は自部門長と話しても埒《らち》が明かない場合に利用する制度につき、自部門長以外の同タイトルの人で、かつ全社の人事関連事項を見ているメンバーに異議を訴えかけることができるようにしています。この組織と当人とのギャップを埋めていく営みこそが、「双方向のコミュニケーション」を重視していることの表れです。この協議を経て、改めてＨＲＣメンバーにて再審議をし直すことになります。

この制度自体は、とてもユニークで手間のかかる制度だとは思いますが、組織がおかしな意思決定をしてしまうことを防ぐためにも、組織と個人が建設的な緊張関係を保つためにも、フェアで良い制度だと私は感じています。

ただ、この制度を読者の皆さんの会社でも導入を試みる場合には、是非〝仏作って魂入れず〟といった骨抜きの制度にならないように気を付けて運用してください。結局、こういった制度としての箱をつくったとしても、利用する権利がある社員側に「制度はあるけれど、組織の決定に異議を申し立てたら、その後、逆に不利益を被るのでは？」という懸念を抱かせ、結局使われないままになってしまっては意味がありません。どんな制度でも同様ですが、創った制度に息吹を与えるのは、運用の仕方一つです。人間心理を押さえた上で、当該制度のオーナーがリーダーシップを発揮して制度利用にあたっての懸念・壁を取っ払い、使いたい時には気兼ねなく使えるようにすることが必要です。

CHAPTER 8
組織文化醸成

本章では、グロービスの組織文化の特徴と、その文化を創り上げるために行っている様々な営みを紹介します。組織文化とは、目に見えないものであるが故に、組織文化の醸成にあたっては具体的な方法論を持ち合わせていない組織も多いのではないかと思います。

実際に、CHAPTER 3からCHAPTER 7で扱った採用、配置、育成、評価、報酬を司る人事機能はいずれの企業でも持ち合わせていると思いますが、組織文化を醸成するための明示的かつ構造的な機能は持ち合わせていないことが多いのではないでしょうか。グロービスでは組織文化を醸成する専門のチームが存在します。

本章を通じて、読者の皆さんが自組織において、創り上げたい組織文化に近づいていくための一助になれたら幸いです。

SECTION 1

組織文化の定義と醸成メカニズム

●組織文化とは何か？

本章のテーマである組織文化醸成について語るにあたり、まずは組織文化とは何かという確認をしておきたいと思います。世の中にはいくつかの組織文化の定義がありますが、ここでは、「組織文化とは、組織において共有されている価値観、信念、行動規範の体系を指す概念」と定義しておきます。つまり、組織文化とは、組織の構成員が持つ価値観や信念、行動規範等によって形成されていくことから、多分にその会社の理念、ビジョン、価値観によってその在り方は変わり、周りから期待される行動を促す仕組みになっていきます。

グロービスの組織文化を一言で表すことは簡単ではありませんが、グロービス社員が自社のことを表す際によく出てくるキーワードは、「創造と変革」「社会貢献」「可能性を信じる」「飽くなき挑戦」「自由と自己責任」「オープン」「フラット」「仕事に情熱を持ち、楽しむ」「ハートフル・コミュニケーション」等です。いずれも、これまでの章で、グロービス・ウェイもしくはグロービスのＨＲポリシーの中で提示してきた言葉ばかりです。

これらは、私が講師を務めたグロービス社内の3年目研修において、社員からグロービスを表現する一言として毎回のように挙がってくる言葉なので、いずれもグロービスの文化を象徴しているのでしょう。

●組織文化醸成のメカニズム

では、こうした組織文化というのは、どのようにして醸成されていくのでしょうか？　まず、大前提として、その組織の理念、ミッション、ビジョン、価値観といったものが具体的に定義されていることが必要です。なぜならば、これらが無ければ、組織文化の中核を成すはずの価値観や信念が不明なままとなり、組織文化の拠り所が無くなってしまうためです。

ただ、では価値観や信念を言語化すれば、それで組織文化が醸成されるかと言うと、それだけでは全く足りません。言語化した言葉を組織文化に昇華させていくためには、その組織のリーダー陣が組織の理念や価値観を体現し、自ら率先垂範していくことが非常に重要です。大事にしたい価値観は、それが誰かの言動として表出されて初めて他者に伝わり、他者の行動に影響を与え、その積み重ねが組織文化へと昇華していくのです。よって、まずは組織への影響力が大きいリーダー陣の日々の言動に、それらの大事にしたい価値観が表れてくることが必要です。

要は、組織文化とは、〝リーダーの口癖や習慣〟によって創られていく側面が多分にあるということです。つまり、組織文化とは、放っておけば勝手に良い文化が醸成されてくるものではなく（放っておいても何かしらの文化は勝手に出来上がりますが、それが自分たちの創りたい文化であるかは別問題）、自分たちが大事にしたい価値観・信念を明確にした上で、組織を構成するメンバーがそれらを日々の言動に反映させ、自然にその言動が習慣化していく中で醸成されていくものなのです。

例えば、グロービスで言えば「個の爆発」や「自由と自己責任」という価値観を大切にしているため、リーダーはよく「あなたはどうしたいの？」「まずは、あなたがやりたいようにやってみたら？」という言葉をよく発します。あるいは、「仕事に情熱を持ち、楽しむ」ことを大事にしてもらいたいので、「最近、楽しめている？」といった言葉がよく飛び交います。

当然、口癖とすべき言葉は、醸成したい組織文化によって変わってきます。例えば、トヨタ自動車が大事にしているような「現地現物」という考えを組織文化にしたい場合と、Amazonが大事にしているような「顧客至上主義」を組織文化にしたい場合とでは、リーダーがよく発すべき言葉も変わってくるでしょう。

このように、組織文化というのは、組織のリーダーが大事にしている価値観や信念が日々のリーダーの言動に表れ、他の社員の価値観や考え方に影響を及ぼし、社員の日々の言動にその価値観・考え方が反映されることで、組織全体の文化に昇華されたり、再強化されたりしていきます。

よって、どのような組織文化が出来上がるかということについては、ひとえにリーダーの言動、そしてその言動を裏支えする意識・価値観にかかっていると言えるでしょう。逆に言えば、リーダーの価値観や考え方が異なれば、その組織だけ異なる文化が出来上がるということでもあります。なので、組織として醸成したい文化がある場合には、まずはリーダーに価値観やウェイを浸透する活動が重要であることは間違いありません。

ただ、組織文化を薄れさせることなくより強固にしていくためには、リーダーだけに頼り切るのではなく、経営の仕組みとして担保することを考えたいところです。次節では、グロービスがありたい組織文化を醸成し維持するために、どのような具体的な営みを行っているかを見ていきます。

●組織文化を醸成する各種営み

グロービスでは、グロービス・ウェイを浸透させ、良き組織文化を醸成するために、様々な営みを行っています。

この図の通り、あの手この手を駆使しながら、意図的にグロービスらしい良き組織文化を醸成しています。この中には、公式的（フォーマル）なものもあれば、非公式的（インフォーマル）なものまでありますし、社員に直接的にグロービス・ウェイを働きかけるものもあれば、間接的に影響を与えているものもあります。

この中のいくつかについて、「リーダーの考え・価値観を伝える場」「社員交流による風土醸成の場」「ウェイの浸透・確認の場」の3つのカテゴリーに分けて、それぞれで具体的にどのような営みを行っているのかについて見ていきましょう。

図表7●良き組織文化を醸成する営み

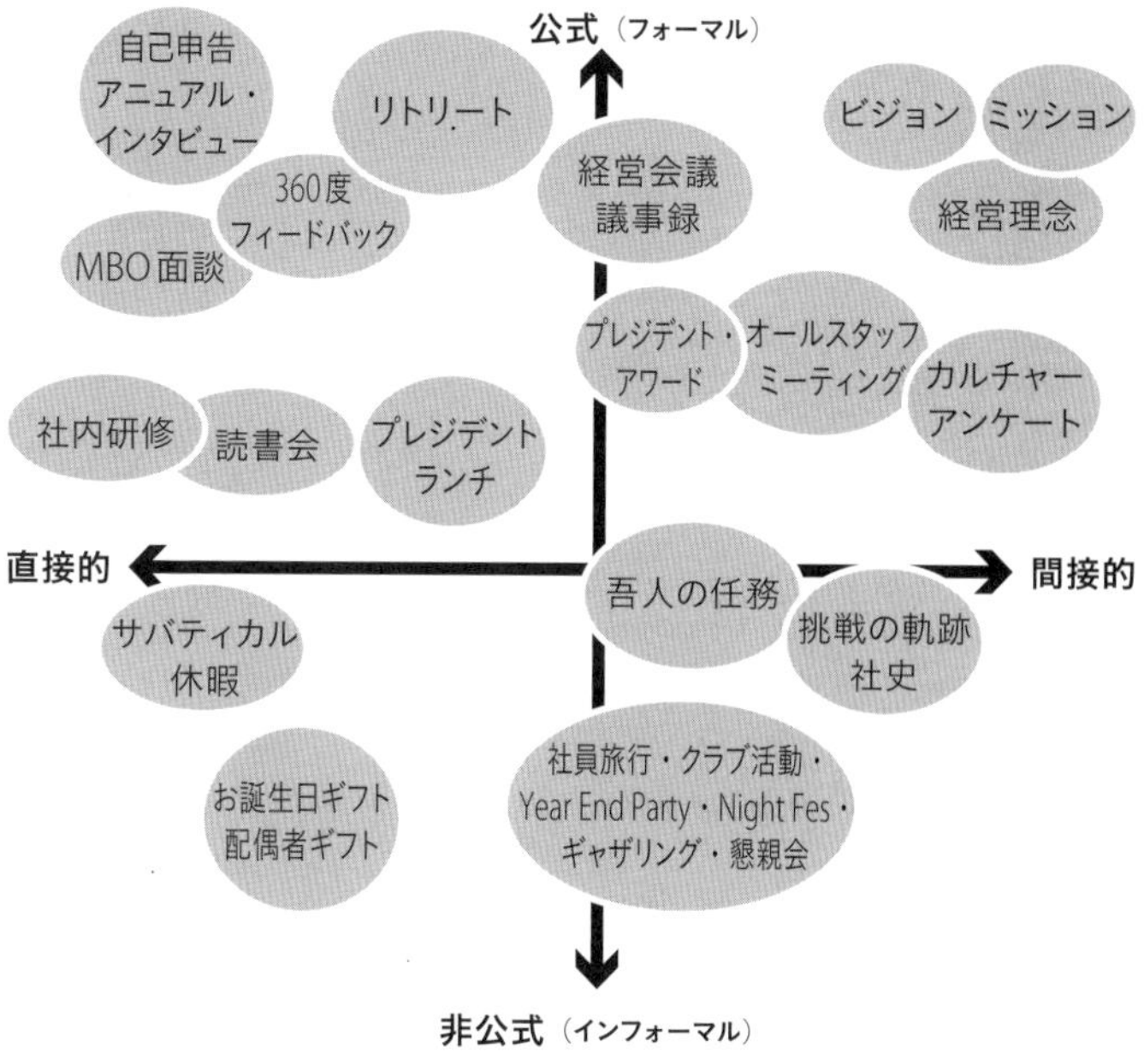

SECTION 2

リーダーの考え・価値観を伝える場

●プレジデント・ランチ

グロービスには、様々な文化醸成のための活動やイベントがありますが、最初にご紹介するのは、「プレジデント・ランチ」です。これは、グロービス代表の堀が、新しくグロービスに入社した新メンバーとランチを共にし、その後に堀の生き様・考え方をまとめた著書『吾人の任務』（東洋経済新報社）の読書会を行うものです。

この場を通じて、グロービスの創業者であり、現在も代表を務めている堀の考えに直接的に触れることができるため、新しくグロービスに入社したメンバーにとって、自社を理解し、この大きな船にオンボードしてもらうにあたってまたと無い場となっています。

もしこの場を単に会議室におけるミーティングとして用意したとすると、新人としては社長を前にしてどうしても畏《かしこ》まってしまい、本当に訊きたいことを訊けなくなったりするものです。故に、場を堅苦しい会議室のような場ではなく、ランチとすることで食事をしながらリラックスしたムードの中でトップに気軽に質問できるようにしています。

この「プレジデント・ランチ」のフォーマットとしては、どんなに組織が大きくなり、採用者数が増えようとも、必ず１つのテーブルを囲んで皆で会話を共有できる人数に絞って開催しています。人数を絞る分、それだけ堀がこのプレジデント・ランチに費やす回数・時間は増えるわけですが、それだけ一人ひとりの社員と向き合い対話することを大切にしています。

●オールスタッフ・リトリート

グロービスでは、毎年、全社員が参加する合宿形式の一大イベントがあります。これをグロービスでは、「オールスタッフ・リトリート」と呼んでいます。このリトリートという言葉は、新たな視点やアイデアを得るべく、日常の喧騒から離れた非日常空間に身を置くことを表す言葉です。普段とは異なる非日常空間に身を置くことで、自然のエネルギーを感じたり、自分の気持ち・想いを解放できたりすることが大事なため、敢えてオフィスや都心とは離れた場所で行います。グロービスでは、全国各地からだけでなく、海外からもこの「オールスタッフ・リトリート」のために社員が集まるため、都心から離れるにせよ、アクセスの良さも考慮して開催地を決定しており、最近では小田原・新潟・水戸といった場所で開催しています。

このオールスタッフ・リトリートは、グロービスのビジョン、ミッション、ウェイの理解、部門横断的な情報共有、アイデア創造、スタッフ間のコミュニケーションを通じた積極的な交流（チームビルディング）を目的としています。よって、単に何かしらの方針を上意下達型で落とし込むということではなく、社員同士の交流や、社員同士の活発な議論・対話を重視する必要があります。これを受けて、グロービスグループ８００名以上を一堂に会するのではなく、１回あたりの開催人数を、全員の顔が見渡せて全員とコミュニケーションが取れる60〜80名ずつに絞って、全13回程（２０２２年度の場合）に分けて実施しています。

社員各人は、この全13回のいずれか都合のつく回に参加するのですが、代表の堀と人事の責任者は全社員一人ひとりと毎年しっかりと接点が持てるように、13回すべてに参加します。よって、これには会社全体として、相当な時間とコストをかけているわけですが、それだけ価値がある場であると考えています。この「オールスタッフ・リトリート」を毎年行っていることこそが、グロービスの強さに繋がっていると実感しています。

オールスタッフ・リトリートは、１泊２日という限られた時間でありながらも、濃密な時間を過ごせるように、ぎっしりと詰め込んだプログラム内容にしています。おそらく、ここで何をしているかの具体的な中身が気になるかと思いますので、その一部を紹介します。

まず、このオールスタッフ・リトリートで必ず行っていることが、グロービスのビジョン、ミッション、ウェイの読み合わせです。この読み合わせは、いわゆる全員で一斉に読み上げるような唱和とは異なり、一つひとつ言語化されている内容を社員が順番に読み上げていき、その一つひとつに丁寧に代表の堀がそのウェイに込めた思いや背景を補足していきます。こういったビジョン、ミッション、ウェイというのは、とある一時点で策定（言語化）されるものであるがために、その策定に携わったメンバーは最初から自分のものにすることができますが、その他多くの社員、後から入ってくる社員にとっては予めつくられたもの故に、自分とは距離感を置いたものとして感じてしまいがちです。よって、単にウェイを読み上げるだけでなく、一つひとつの言葉・表現に込めた想いや背景を知ることは、ウェイを自分の中に内在化させていく上でとても重要なことなのです。

毎年毎年、愚直に同じ営みを繰り返すことで、着実にこのウェイが年々自分の中に染み込んでいき、自分が大事にしていることと組織が大事にしているウェイとが一体化していく感覚を得ることができます。

また、グロービスでは、毎年、新年最初の営業日にその年の全社方針（新年方針）を打ち出し、その方針に基づいてすべての部門が果たすべき役割を担い、各部門・チームが成すべきことを具体化し実行に移していきます。このオールスタッフ・リトリートは、その新年方針が発表された後に行うことから、まずこの場を使って社員一人ひとりがこの全社の方針を自分事として受け止め、自分の具体的なアクションに落とし込むべく10名程のグループに分かれて議論します。

その際のグループは、敢えて役職・職位・年次・部門をミックスさせるように編成します。仕事というものは、部門やチームを跨いで互いに協働するからこそ初めて実現できる価値を見出せることは多々あることから、このリトリートの場においても新たな関係性が育まれたり、これまでにない取り組みが生まれたりするようにグループ編成も工夫をしています。

そしてこの議論を通じて見出したグループ毎の全社方針に基づく具体的なアクションを自分事として全体に発表してもらいます。その上で、経営陣も交えた全参加者が、発表された内容に対して、相互に質問やフィードバックを繰り返していくことで、より良いアクションへと昇華させていきます。

この議論を通じて、全社方針を各人が自分事として捉え理解が進むことはもちろん、当事者意識高く実行に移すことができるようになるため、毎年どんなに新たな変化・大きな変化が必要となるような全社方針だったとしても一気にドライブがかけられるようになっています。加えてこの場は、普段はあまり接する機会が少ない他部署の取り組みや課題を知る貴重な機会にもなっていることから、部門間の連携や、個々人の視野の拡大にも寄与しています。

それから、このオールスタッフ・リトリートは、そのような真剣な議論の場を用意しているだけではありません。方針議論の後には、体を動かすアクティビティを通じて、社員同士の交流を促す時間を設けています。このアクティビティは、開催地によって実施できる内容が変わってきますが、各種スポーツ（卓球、テニス、バドミントン、ドッジボール、大縄跳び、ボウリング、水泳、ウォーキング、スキー／スノーボード等）ができる場を用意して、各々が好きなアクティビティに参加できるようにしています。

やはり、こうした体を動かしながらコミュニケーションを取れる場というのは、単にテーブルに座って議論をする時間とは異なり、お互いに肩肘を張らずに接することができるものです。それ故に、一気に社員がお互いの距離感を縮めることができます。また、お互いに、仕事の場では見られない相手の個性や新たな一面を知ることができるという意味でも魅力的な時間となっています。

そして、夕食の時間には、代表の堀がすべてのテーブルを回りながら、参加者全員から、個別に自分に対するフィードバックをもらう時間を設けます。ここで社員に求められることは、堀に質問をすることではなく、〝フィードバック〟を行うことです（堀への質問は、これとはまた別の時間にしっかりと確保しています）。

この社員一人ひとりからのフィードバックを堀自らが積極的に求めることで、自分に対して、そしてグロービスに対して、全社員が思っていること・感じていることを解像度高く認識することに繋げています。トップ自らが全員にフィードバックをもらいに行くというのは、中々できることではないと思うため、この姿勢から他のリーダー陣が学ぶことも多いと感じています。

他にも、このオールスタッフ・リトリートでは、その年ごとにグロービスが向き合いたいテーマに関連した書籍を皆で読み込み、学び合うための「読書会」も行っています。この「読書会」については、グロービスの中で、このオールスタッフ・リトリートの場以外でも積極的に行っている営みにつき、次の項で詳しく説明します。

オールスタッフ・リトリートに関して最後にもう1つ、ユニークな取り組みを紹介します。それは「名前当てクイズ」というものです。これは何かというと、このオールスタッフ・リトリートの終了間際に、参加者が他の全参加者の顔と名前を一致させるまで憶えられたかどうかを確認するための恒例行事になっています。代表の堀から、ランダムに指名された人が、特定のテーブルに着席している社員全員（10名程度）の名前を憶えられているかどうかを皆の前で読み上げるのです（仮に間違えても罰があるわけではありませんが、少し恥ずかしい思いをします）。

マネジング・ディレクターに至っては、全参加者の名字だけでなく、フルネームで憶えることが求められます。これは、参加者一人ひとりにとって、それなりのプレッシャーにはなっているとは思いますが、すべての回に参加している堀もフルネームで全社員の名前を憶えるため、皆やらないわけにはいきません。私も毎回全員のフルネームを憶えるべく必死ですが、この「名前当てクイズ」があるからこそ、皆が臆することなく初見の相手に積極的に声をかけ、部門を超えた関係性構築に繋がっていると感じます。人と人との関係性というものは、まず相手に関心を持ち顔と名前を憶えることから始まるため、グロービスでは、各人に広い範囲で良き関係性を築いてもらえるように仕組みで担保しています。

SECTION 3

社員交流による風土醸成の場

●読書会

グロービスが大切にしている営みの1つに、「読書会」という場があります。この読書会とは、皆である特定の書籍を読み込み、感じたこと（学び、気づき、違和感）や今後の自分に活かしたいことを共有し合い、その内容に対して他者からの感想を重ねたり、質問をし合ったりする営みを指します。

グロービスには、「グロービス8選書（前節で触れたプレジデント・ランチの際に取り上げる『吾人の任務』を入れると9冊になります）」と呼ばれている良書群があります。

・グロービス読書会8選書

『ビジョナリーカンパニー２　飛躍の法則』（ジム・コリンズ／日経ＢＰ）
『創造と変革の志士たちへ』（堀義人／ＰＨＰ研究所）
『創造と変革の技法』（堀義人／東洋経済新報社）
『人を動かす』（デール・カーネギー著・山口博訳／創元社）
『ＥＱ　こころの知能指数』（ダニエル・ゴールマン著・土屋京子訳／講談社＋α文庫）
『代表的日本人』（内村鑑三著・鈴木範久訳／岩波文庫）
『修身教授録』（森信三／致知出版社）
『新装版・真説「陽明学」入門』（林田明大／ワニ・プラス）

グロービスの社員であれば、入社後3年以内には全員がその全書籍の内容を理解している状態にするべく、人事部が主導で読書会の場をアレンジしています。

グロービスでは、この読書会を次の4つの目的に基づき実施しています。

①一人ひとりの心の陶治
②共通認識づくり
③相互理解
④学ぶ風土づくり

まず1つ目に掲げている「一人ひとりの心の陶治」から説明します。書籍というのは、読者とは異なる人生を歩んできた著者によって、その方の経験や考えに基づき書かれたものなので、必ず何かしら自分とは異なる考え方やものの見方に触れることができるものです。そういった自分にとって新たな視点に触れることで多様なものの見方ができるようになりますし、著者の価値観に触れることを通じて自らの価値観を上塗りしていくことができます。読書というのは人の心を豊かにしてくれるものだと思いますが、まさにその効用を存分に堪能すべく、深く読み込むことによって、自分の心を磨いていってほしいと考えています。

2つ目の「共通認識づくり」ですが、これがまさに組織で読書会を行う大きな意義になります。グロービスは基本的に全員中途入社で入ってきた方で構成されており、ＣＨＡＰＴＥＲ３（採用）で説明した通り「異質の効用」を追求した採用としているため、各人のバックグラウンドは全員が異なるものを持っています。これにより、それぞれが持つスキルや視点が異なることは組織としては多様性の価値を享受できるため、それはそれで良いことなのです。

ただ一方で、お互いに何の共通認識もないままでいると、何かを協働しようとした時にコミュニケーションや合意形成に時間がかかってしまいます。組織とは人の集合体であるが故に、それぞれの認識がいかに揃っているかによって、そのスピード感には大きな違いが生じてきます。要は、何かを伝える際に、ゼロから十まで全て伝えないと伝わらない場合と、極々一部のキーワードを伝えるだけで「あー、その話ね」と相手が理解してくれる場合とでは、歴然としたスピードの差が生まれてくるわけです。このことから、グロービスでは、全員がしっかりと時間をとって、組織として大切にしたい考え方に対する共通認識を持てる状態をつくっています。

３つ目の目的は、社員同士の関係性に纏わる「相互理解」です。社員同士がお互いのことを深く理解していればしている程、日々のコミュニケーションや協働はスムーズにいくわけですが、普段仕事を共にしている／したことがある程度では、必ずしも相手のことを深く理解できるわけではありません。なぜなら、日常業務というのはTo Do（やるべきこと）ベースで進んでいくためです。当然、それぞれの業務ごとに納期もあるでしょうから、あまり悠長に相手の考え方や価値観等について確認し合う時間というのは取りにくいものです。この読書会では、比較的ゆったりとした時間を使ってお互いが書籍を読んで感じたことを共有し、それに対して他者が「なぜ、そう感じたのか？」「その考えに至ったのは、何が影響しているのか？」といった相手の内面や背景に思いを馳せながら、自分の気持ち・考えを吐露し合う時間となります。そうすると、普段業務を共にしているだけでは知り得ない相手の想いや価値観に触れることができるため、今後のより良い協働に繋がるのです。よって、この読書会では、単に書籍の内容を深掘りするのみならず、共に読書会に参加している仲間についても深く理解し合うことを意図しています。

4つ目の目的は、「学ぶ風土づくり」です。読書会は、書籍の内容を通じて著者から多くのことを学ぶことができますし、共に参加している他者の考え・価値観に触れることで更に多くの考え・視点を学ぶことができます。こういった参加者同士でお互いを高め合う良き学びの場を継続的に持つことで、〝学ぶ〟ということを組織の当たり前にしていくことができます。特に、グロービスは、〝経営を教える会社〟なので、自分たちが他の誰よりも学び続けていなければ良い学びを提供し続けることができなくなってしまうでしょう。

よって、〝森羅万象、様々なものから学ぶ〟ことを当たり前にした風土を醸成し、いつまでも学習し進化し続ける組織であるためにも、この読書会を定期的に開催しています。

●ギャザリング

ここからは、より砕けた場づくりについて紹介します。グロービスでは、四半期に一度、ランチタイムに社員が一堂に会して美味しい食事を囲みながら、部門を超えて交流できる場として、「ギャザリング」という場を開いています。

私たちは、日常仕事をしている中では業務上接点の多い人とばかりコミュニケーションをする形になりやすいですし、ランチに行く相手も仲の良いメンバーであったり、同じチームメンバー内に限られたりしがちです（ランチであれば、独りで取るようにしている方もいるでしょう）。そうすると、長くグロービスで働いていたとしても、なかなか各人にとっての知り合いは増えることなく、コミュニティの輪も拡がっていきません。

最近は、ウェルビーイングに対する関心が益々高まってきていますが、人の幸福に繋がる大きな要因の1つに「他者との繋がり」があります。いかに多くの良好な関係性を築いているかによって、社員の幸福度が大きく変わるとされています。

であるならば、組織としては意図的に社員同士の関係性を拡げたり、深めたりできるような場を創出していくことが大切になってくるでしょう。もちろん、それは社員個人にとってのメリットだけではなく、組織にとっても大きなメリットに繋がります。まず、幸福を感じている社員はそうでない社員よりも高い生産性を出せるものです。加えて、部門を超えた個々人の繋がりが増えることによって、コミュニケーションが円滑になり、部門やチームを跨いだ協働がしやすくなることが考えられます。更には、異なる視点を持つ人同士が繋がることで、新たなアイデアが生まれてくることも期待できるかもしれません。

このように、サイロ化しやすい組織というものの特性を踏まえて、いかに組織間の垣根を超えて社員同士がコミュニケーションできるような環境を創れるかは、経営における1つの重要なイシューであると言えるでしょう。グロービスでは、美味しいケータリング料理を、部門を跨いだメンバー同士で囲み、お互いに楽しみながら関係性を深められるようなコンテンツを用意することで、部門間を超えた関係性構築を促しています。

●Year End Party

グロービスでは、毎年1年の終わりに、お互いの労をねぎらい合うためのイベントとして、「Year End Party」を開催しています。これは、いわゆる全社員参加型の大忘年会のような場です。このイベントに向けて、毎年、全部門から幹事をしてくれる方を有志で募るのですが、多くは入社してから1年も経過していない新メンバーが積極的に手を挙げて、全社の為に活動してくれています。

この場は、幹事団の頑張りによって、参加者が皆楽しめるような様々な趣向が施されるのですが、グロービスの年間行事の中で最も盛り上がるイベントとなっています。読者の皆さんも大体のイメージが浮かぶと思いますので、詳細は割愛しますが、この「Year End Party」が無ければ1年が終わった気がしないような、そんな場になっています。

●社員旅行

グロービスでは、定期的に社員と、その家族が参加できる社員旅行を開催しています。創業初期の頃は毎年のように開催していたものですが、社員数が増え企画・実施に相当な時間がかかるために、途中から5年に一度の開催頻度に変わりました。ところが、２０２２年度に実施したグロービス創業30周年を記念して実施した社員旅行では、ＰＲＯＬＯＧＵＥで触れた音楽と食とアートの祭典であるLucky Fesとセットで実施したところ、参加した社員から非常に好評であったため、再び毎年開催していくこととなりました。

グロービスの社員旅行は、任意参加としているため、皆さん気軽に参加したい方だけが参加できるようにしています。また、独りで参加するも良し、家族を連れて参加するも良し、としているので、家族の同伴有無に関わらず、いずれの参加形態であっても楽しんでもらえるよう趣向を凝らした内容になっています。

ウェイの浸透・確認の場

●階層研修

グロービスには、全社員が必ず受講する階層研修として、1年目研修と3年目研修があります。これは能力開発としての位置づけではなく、組織文化醸成の位置づけとして実施しているものです。よって、この研修においては、組織文化に大きく影響するグロービス・ウェイの浸透を意図したプログラム内容にしています。

ウェイや理念、パーパス等の浸透にあたっては、そもそもなぜウェイや理念、パーパスが組織に浸透していることが望ましいのかという、いわゆる理念経営の意義を理解することが必要です。どんなことでも同様ですが、人はとある営みを行うにあたっては、その理由や意義をしっかりと認識できている状態とそうではない状態とでは、実行性に大きな差が生まれてくるものです。よって、グロービスの階層研修では、ウェイの内容を確認する前に、ウェイや理念が浸透していることの意義について確認を行っています（その意義については、CHAPTER 1のSECTION 2で詳細に触れているため、ここでは割愛します）。

その上で、グロービス・ウェイの一つひとつ（ビジョン、ミッション、経営理念、事業指針、行動指針等）について、内容を確認し、その意味するところについて考えてもらいます。こうしたウェイというのは、最初はまずは理解をしてもらうためにも、会社が社員に丁寧に説明する必要があります。ただ、それだけでは、単なる理解に留まり、日々の行動に反映されることを期待することは難しいでしょう。ウェイや理念が組織に浸透するまでには、ウェイや理念の内容が理解されるのみならず、その重要性がしっかりと自分の中で納得感をもった腹落ちに繋がり、それを（最初は）自覚的に行動に移していくことで、いつの日か無自覚的に皆の日々の言動に定着していく、という複数のステップを着実に前に進めていく必要があります。

このようにウェイや理念は、策定したら、あとは放っておけば勝手に浸透していくようなものではなく、「認知」→「理解」→「納得」→「行動」→「定着」というステップを経て、初めて浸透していくものであるという認識を持つことが大切です。更には、それぞれのステップを前に進める上での難所を特定し、その難所を乗り越えるための適切な工夫を行っていくことが必要です。

よって、グロービスの研修においては、ウェイや理念が組織からの一方的な押し付けにならないように、社員一人ひとりが大事にしている価値観との繋がりや、無意識的に行ってきた自分の行動とグロービス・ウェイがどのような繋がりがあったのかを認識できるようにセッションを組み立てています。

また、これは研修全般に言えることですが、講師が伝えたいことを一方的に話してしまっては受講者側に残る気づきや学びはどうしても薄くなってしまうものです。故に、受講者に真剣に考えてもらい、たくさんの考えを表出（発言）してもらい、内省を深くしてもらうことで、気づき・学びの最大化に努めることが重要です。それを実現させるための鍵として、大きく2つのことを意識するとよいでしょう。

まず1つには、研修当日のプログラム設計だけでなく、研修前の事前課題、研修当日のプログラム内容、研修後の事後課題、という一連の受講体験（ラーニング・ジャーニー）全体をデザインすることです。そして、もう1つの鍵は、講師による高度なファシリテーション能力です。いかにプログラム内容を充実化させても、講師のファシリテーション力が低いと、受講者の学び・気づきは最大化されません。いかに講師が、受講者一人ひとりの置かれている状況・心境を理解し、適切かつ良質な問いかけをすることができるかが、その研修の質に大きく影響します。グロービスは、お客様に提供する価値の源泉としてこのファシリテーション能力に磨きをかけ続けているため、社内の研修においてもこの強みをふんだんに活かすことで、研修の時間対効果を最大化させています。

●360度評価（自己評価）

グロービスの360度評価制度については、CHAPTER 6（評価）で触れた通り、すべての質問項目がグロービス・ウェイに準拠した質問項目になっています。それ故に、グロービス・ウェイに基づく評価軸で毎年、他者だけでなく自己評価をすることにより、グロービス・ウェイを思い出すのみならず、評価制度上においても、自身の普段の振る舞い・言動をウェイに照らして自己点検ができるようになっています。

ウェイの浸透のために、別個にウェイ浸透のためだけに行う営みを行うのみならず、こうした他の目的（ここでは「評価」）のための営みにも、ウェイの浸透、ひいてはありたい組織文化の醸成に繋がる仕組みにしておけると良いでしょう。

●カルチャーアンケート

本章の始めに触れた通り、組織文化とは、「組織において共有されている価値観、信念、行動規範の体系を指す概念」であると述べました。つまり、そうした概念である組織文化というのは、それ自体がはっきりと人の目に見えるものとして存在しているわけではありません。故に、創り出したい組織文化が意図した通りに醸成できているかどうかを確かめるためには、何かしらの工夫をして確認をすることが必要です。

グロービスでは、隔年でカルチャーアンケートを実施し、全社員が自社・自部門の組織文化をどのように感じ取っているかを確認するためのアンケートを取っています（以前は、毎年アンケートを実施していましたが、組織文化が1年で大幅に変わることがなかったことから、費用対効果を考え、現在は隔年実施としています）。

アンケート項目は、多角的な分析ができるように定量・定性の両面から取得していますが、基本的に質問として用意する項目は、やはりグロービス・ウェイに準拠したものとなります。組織文化は、全社単位で考えることも必要ですが、事業特性や構成メンバーによっても影響を受けるものであるため、部門別はもちろん、タイトルや年次、性別や使用する主要言語別など、属性ごとに分析することを通じて、その後の良き組織文化醸成のための具体的な打ち手に繋げられるようにしておくことが大切です。

究極的に組織が目指すべきところとしては、こういったカルチャーアンケートを取らなくても、皆が自社らしい組織文化をしっかりと醸成できていることを実感し続けられる状態でしょう。そういった意味では、いつかはこういった定点観測をすることの必要性すら感じない組織状態を目指すことが理想だと思います。

●プレジデント・アワード

グロービスでは、毎年、グロービスの発展に寄与した方の栄誉を称える機会を用意しています。この場を、「プレジデント・アワード（直訳すると、いわゆる社長賞）」と言い、全社員の前で、代表の堀から直接褒め称えられる機会となっています。

こうしたアワードというのは、どうしても目立ったことをした人や華々しい業績を上げた部署が表彰されやすいものです。ただ、グロービスでは、プレジデント・アワードの場を、グロービスの良き企業文化の醸成に役立てることも目的の1つとして包含しているため、縁の下の力持ちのような、目立たないけれども組織にとって非常に重要な取り組みをして下さっている方に光が当てられるように、ＭＢＯ評価とは異なる選定基準を設けています。グロービスのプレジデント・アワード選定基準は、次の4つとなります。

①良き企業文化の醸成

グロービス・ウェイを遵守して、多くの方の模範となり、グロービスの企業文化に良き影響を及ぼした方々。

②成長と牽引（縁の下の力持ち）

目立たない仕事でも確実に成長し、グロービスの屋台骨をしっかりと支え、牽引してくれている方々。

③グループ全体の利益を重視

チームや部門中心の考え方ばかりではなく、会社全体にとって何が良いかを考え、会社・部門を越えた業務にも建設的な意見を述べるとともに、実際の業務をサポートした方々。

④一生懸命な頑張り

他の人が嫌がる仕事や、クライアントの接点を増やすため等に一生懸命に働き、グロービスの発展に寄与してくれた方々。

この選定基準を明示した上で、ノミニー（候補者）が募集され、推薦者から推薦文を添える形で様々な活動がノミネートされます。その後、全社員から受賞するに相応しいノミニーに投票する期間に入るわけですが、それぞれのノミニーに応援メッセージや応援ビデオが配信されて来るため、全社的に盛り上がるイベントとなっています。投票結果に照らし合わせながら、最後はプレジデント・アワードという名に相応しく代表の堀が独断に基づき受賞チームを決定するのですが、見事受賞することができた場合には、栄誉あるトロフィーと副賞が与えられます。

このプレジデント・アワードは、ノミニーに選ばれた方達にとっては、会社の代表や組織が自分たちの頑張りを賞賛してくれることの喜びを得られるイベントになっていることは間違いないでしょう。加えて、このイベントを通じて感じる効用は、グロービス全社でこれだけ多くの方々が色々な形で貢献して下さっていることに感謝の念が湧いてくることです。それから、まさにアワード選定基準の1つ目にある通り、どういう活動・貢献をしていくことが、グロービス・ウェイを体現したことに繋がり、グロービスの良き企業文化に影響を及ぼすのか、ということに想いを馳せる時間にもなっています。

CHAPTER 9

理想的な企業システムの実現

本章は、本書の副題にもなっている「理想的な企業システムの実現」について、これまでの章では十分に触れることができていない観点を述べていきます。

なお、この「理想的な企業システムの実現」は、グロービスの経営理念の1つとして謳っている言葉ですが、是非、読者の皆さんも自分事に引き寄せて、「理想的な企業システムとは、どういったシステムなのだろうか？」と想いを馳せながら読み進めて頂けたら幸いです。

複数のステークホルダーへの理想追求

●企業が追求すべき理想とは何か？

皆さんは、「理想的な企業」のあり方について考えたことがあるでしょうか？　また、そこで言うところの「理想」とは、どのようなことを指すのでしょうか？

この問いについて考えるにあたっては、まず「〝誰にとって〟の理想を考えるべきか？」という観点から考える必要があるでしょう。グロービスが経営理念で謳っている理想的な企業システムとは「対ステークホルダー」に対して謳っているものです。ただ、ステークホルダーと言っても、企業であれば、経営者、従業員、お客様、取引先、株主、近隣住民など、様々な立場の方が関わっています。同じ組織に対してであったとしても、その立場が異なれば求める期待は変わってくることでしょう。そして、求める期待が変われば、当然、組織に求める理想も異なってくるはずです。

例えば、従業員にとっての理想がお客様にとっての理想とは言えないことはあるでしょう。また、経営者にとっての理想と取引先にとっての理想が相反することもあるものです。そう考えると、事業に関わる全ての人々の満足度を高める理想的な企業システムを実現させることは容易なことではないことが分かります。

私は経営管理本部の責任者として、日々、社内外の様々なステークホルダーの方々と関わらせて頂いていたため、時にはそれぞれの相反する要望の狭間で意思決定を迫られることも多々ありました。こうした経験を通じて私が感じてきた、相反する要望を持つことのあるステークホルダーの皆様にそれぞれ満足頂くために押さえるべきポイントは、次の2点だと考えています。

①フェア＆オープンを追求する
②因果の起点（レバレッジポイント）を押さえ続ける

●フェア＆オープンを追求する

まず、多くのステークホルダーの満足度を高めるためには、前提として、各ステークホルダーが求める期待・ニーズを正確に把握することが欠かせません。なぜならば、それぞれの期待を押さえること無しに求められていることに応えることも、ニーズを押さえることと無しに満足度を高めることもできないためです。

その上で、重要となることは、各ステークホルダーにフェア（公平）に接することです。ちなみに、「フェア（公平）」というのは「平等」とは違います。「平等」というのは、すべての人が同じ条件、権利、機会を持つことを言います。ですが、「フェア（公平）」は、個々の状況、能力、努力、貢献に応じた適切な扱いをすることを言います。CHAPTER 6（評価）でも説明した通り、アンフェア（不公平）ほど相手の不満を募らせてしまうことはないので、フェア（公平）であることは、関わるすべての方の納得感を醸成する上で外すことができない重要なポイントです。

そのフェアネスと同等に重要となるのが、「オープン」であることです。ステークホルダーそれぞれの理想を理解し、それに対して合意を得るためには、企業の意思決定プロセスにおける透明性が必要です。企業がどのようにして意思決定を行ったのか、どのステークホルダーの利益を優先し、どのようにバランスを取っているのか、その合理的理由はどこにあるのか、といったことを明確に示すことは、各ステークホルダーとの信頼関係を築く上で、とても有効です。

たとえ、伝える必要がある内容が相手の方にとって不都合な事実であったとしても、それを隠すよりも、その結論に至った背景・理由を、誠心誠意、言葉を尽くして伝えた方がその後の良い関係性に繋がっていくものです。

●因果の起点（レバレッジポイント）を押さえ続ける

続いて、もう1つのポイントとして挙げた、「因果の起点（レバレッジポイント）を押さえ続ける」ことについて説明します。

複数の異なるステークホルダーの要望を同時に満たそうとすることは、簡単なことではありません。ましてやその要望同士がトレードオフの関係にある場合には、なおさらです。どうしても同時に二兎を追おうとすると、一兎をも得ずという結果に陥りやすいのです。では、どのようにしたら、それぞれの異なる要望を満たすことができるのでしょうか？

私は、ここで大事になる考えは因果関係で物事を捉えることだと思っています。世の中の様々なことは、因果関係によって成り立っています。それは企業活動においても同様です。もし、AとBという2つのことを〝一気（同時瞬間的）〟に押さえることができないのであれば、時間軸を加味した因果関係の繋がりで、AとBの関係性を捉え直し、まずは因果の〝因〟となる要素に働きかける必要があります。仮にAとBが、Aが〝因〟でBが〝果〟という因果関係で繋がっている事業であるならば、まずはAを満たせば、次にBを満たせる、と考えるということです。

こうした因果関係を読み解いたモデルが世の中にはいくつかありますが、ここではハーバード・ビジネス・スクールのジェームズ・L・ヘスケット教授らがモデル化したサービス・プロフィット・チェーンと紐づけて考えたいと思います。

まず、サービス・プロフィット・チェーンについて簡単に説明します。サービス・プロフィット・チェーンとは、社内のサービス品質が従業員満足度に影響を与え、高い従業員満足度が従業員のロイヤルティを育み、高い従業員ロイヤルティが従業員の生産性を高め、高い生産性が高いサービスの価値を生み出し、高いサービス価値が高い顧客の満足度を生み、高い顧客満足が顧客のロイヤルティを高め、高い顧客ロイヤルティが企業の業績向上に繋がる、ということを解き明かしたモデルです。

このモデルには、すべてのステークホルダーが網羅されているわけではありませんが、企業経営における示唆深い因果関係が明らかにされています。要は、様々なステークホルダーの満足度を高めたいのであれば、シンプルにまずは従業員の満足度、従業員エンゲージメントを高めるべく、社内のサービス品質を高めることに注力することが起点であることが示されています。つまり、従業員の満足度・エンゲージメントこそが様々なステークホルダーに満足して頂くためのレバレッジポイントであることが読み取れるわけです。これは実際にこれまでの章を通じてお伝えしてきたグロービスにおける様々な取り組み内容とも符合するメカニズムであると感じます。

SECTION 2

社員に起点を置いた理想追求

では、社員の満足度やエンゲージメントを高めるためには何が有効なのでしょうか？これを考えるにあたっては、「働きやすさ」という観点と、「働きがい」という観点とに、分けて考えることができます。

●「働きやすさ」と「働きがい」

主に、「働きやすさ」とは、勤務する時間・場所・環境・条件等が主な影響因子となります。勤務時間であれば、日によって、また家族の事情も含めたプライベートの状況によって、働く時間を柔軟に変更できることが重要になるでしょう。であるならば、例えばフレックスタイム制度のように、どれだけ柔軟に働く時間を、日によってもしくは個人の事情によって決められるようにするかといったことが影響してくるでしょう。勤務場所であれば、これまた柔軟に働く場所を選択することができることが重要となるでしょう。そういった意味では、リモートワーク制度の充実度合いが影響しそうです。

最近では、ワーケーションというワーク（仕事）とバケーション（休暇）とを同時に行う働き方も出てきていますので、こういった新しい働き方に対する価値観にどのくらい応えることができるかといったことも問われるでしょう。勤務環境であれば、人の五感に関わる様々な要素が影響してきます。例えば、職場の雰囲気や人間関係もありますし、椅子の座り心地や周囲の雑音といった集中できる環境かどうかといったことも重要な要素になるでしょう。そして、勤務条件に関しては、給与や福利厚生などの具体的な条件も絡んできます。

グロービスでは、フルフレックス制度（コアタイム無しのフレックス制度）もありますし、リモートワーク制度もコロナ禍に関わりなく元々働きやすさを追求するために整備していた制度です。勤務環境については、新入社員には3か月間、上司とは別にオンボーディングサポーターという組織への定着と育成を担う役割を必ず一人アサインすることで、入社後にうまく組織に馴染めるようにしています。

また、フラットでオープンなグロービスの組織文化により、社長を含む全社員がお互いのことを役職名ではなく、「さん」付けで呼ぶコミュニケーションの取りやすさが挙げられます。他にも、グロービス・ウェイの中にオフィス・ウェイを整備することで、光の入り方や空気の流れ方、絵や緑などの視界に入ってくるものも含めて、社員が心地よく、明るく、楽しく、前向きに仕事に励める環境を用意しています。

勤務条件については、グロービスの処遇・報酬のあり方はCHAPTER 7でお伝えした通り、市場価値を勘案したものになっています。福利厚生に関しては、CHAPTER 5の育成・能力開発にて詳細に説明した通り、ただ単にグロービスに在籍しているだけで得られるベネフィットは最小限に抑えつつも、その分、意志のある方にはいくらでも成長の機会を付与するようにしています。

もう1つ、ここでは、「働きやすさ」に繋がるグロービスらしいユニークな方針を紹介しておきます。代表の堀は常々「グロービスでは『第一に自身の健康、第二に家族、第三に仕事』という優先順位で考えて欲しい」ということを社員に語りかけています。「多少の風邪程度では仕事を休めない」とか、「家族の大事なイベントがあるが仕事があって行けない」といった会社も多いことかと思いますが、グロービスではそうではありません。良い仕事というのは、まず健康な肉体があって初めて成立するものなので、健康を害してまで働くような働き方をグロービスでは認めていません。また、家族という重要な人の心配事があるようでは、まともに仕事に身が入らないでしょう。よって、仕事よりも家族のケア・対応を優先してもらい、その不安がない状態で初めて、気持ちよく思い切り仕事に打ち込んでもらうようにしています。

一方の「働きがい」ですが、グロービスでは「働きやすさ」以上に「働きがい」に主眼を置いています。なぜならば、「働きやすさ」は不満を解消することには寄与（マイナス要因を除去）するため必要なものではありますが、それを更に大きくプラスにまで持っていく要因にまではならないものです。

それに対して、「働きがい」に関しては、仕事をする意義そのものにも関係しており、人の動機付け要因にもなるため、大きくプラスのエネルギーを生み出すことに繋がるものです。「働きがい」とは、生きがいにも繋がっていくものですし、ワクワク・イキイキといった感情面に直結するものでもあります。そう考えると、まさに「働きがい」こそが「個の爆発」に繋がると言えるのです。故に、グロービスの経営理念では、「自己実現の場の提供」を謳っています。

●「成長」と「幸福」の二兎を追う

社員の「働きがい」については、非常に重要なテーマにつき、もう少し解像度を高めて考えていきたいと思います。皆さんは、どんな時に「働きがい」を感じるでしょうか？私がこれまでに多くの人に聞いてきた「働きがい」を感じる仕事は、「成長を実感する仕事」か「幸福や喜びを実感する仕事」の2つに大別することができるように思っています。

「成長を実感する仕事」というのは、自分の知識が拡がることで、これまで見えなかったことが見えるようになるだとか、新たなスキルを習得することで、できなかったことができるようになるといった性質の仕事です。こういった自分の自己効力感や達成感に繋がる仕事に働きがいを感じる方は多くいらっしゃると思います。

また、「幸福や喜びを実感する仕事」というのは、その仕事に携わっていること自体に満足感や充実感を感じられるような性質の仕事です。これは、自分の仕事が他者や社会に対して有意義な影響を及ぼせていることが実感できる仕事であったり、日々感謝の言葉をもらえたりするような仕事に携わっている方が多く感じやすいものだと思います。

「成長を実感する仕事」も、「幸福や喜びを実感する仕事」も、自身が大切にしたい価値観と繋がっている限り、いずれでも「働きがい」はしっかりと満たされることでしょう。よって、いずれか一つが満たされれば十分と思う方もいらっしゃるかと思いますが、この「成長」と「幸福」の両方を満たすことができれば、きっとその人の「働きがい」は倍増することでしょう。なので、私は社員の「働きがい」を最大化するためにも、この両面を同時に満たすことを推奨しています。

ただ、この「成長」と「幸福」を同時追及することに対して、疑問をもたれる方も一定割合いるようです。実際に私はこれまでに何名かの方から受けたことがある質問は、「好きなことを仕事にしていれば確かに幸福度や喜びは高まりそうですが、好きなことばかりやっていたら成長しないのではないでしょうか？」というものです。また、似たような趣旨で「好きなことを仕事にできるのであれば苦労はしない」「好きなことだけやっていて生活できるとは思えない」といったコメントを聞くこともあります。

これらの質問やコメントには一理はあると思いますが、私には一つ大きな視点が欠けているように感じるのです。それは、「『働きがい』を感じる〝好きな仕事〟とは、決して〝楽な仕事〟を指しているのではない」ということです。要は、仕事としての好きか／嫌いかという話と、仕事としての楽か／大変かという話は、イコールではなく全く異なる切り口だということです。

それにも関わらず、この2つの切り口を混同してしまうと、先のような誤解が生じてしまうのではないかと感じています。「好きこそものの上手なれ」という言葉の通り、本当に自分が好きなこと（極端に言えば、寝食を忘れてでもやりたいこと）に打ち込めれば、誰でもその分野におけるひとかたならぬ人物になれるのです。しかしながら、「成功」することに意識が向きすぎてしまうと「成長」ばかりに目が偏り、自分の価値観とは相容れない辛い日々を送ることになってしまうことがあるので、この点は気を付けなくてはなりません。

私が思う「成長」と「幸福」を両取りする最善の方法は、【自分の価値観が満たされる〝大好き〟で〝大変な〟仕事に取り組み続けること】だと考えています。私自身、まさにこの16年間、グロービスにおいて大好きな仕事ばかりに携わらせて頂きましたが、そのいずれも楽な仕事はなく、いずれもなかなかに大変な仕事でした。

更にもう1つ付け加えさせて頂くならば、自分の仕事を「誰かに仕える事」として捉えるのではなく、「志を実現するための事」として捉える視点も重要です。よって、「働きがい」を最大化させるために大切なことは【自分の価値観が満たされる〝大好き〟で〝大変な〟志事に取り組み続けること】と表現しておきたいと思います。

このように会社のミッションやビジョンに共感・共鳴し、自分の志に向けてやりたいと思うことに打ち込めて、自分自身の成長実感を伴いながらも、それが社会やお客様への貢献に繋がっている実感まで持てる環境があったら、それこそ最高に働きがいのある会社と言えるのではないでしょうか。

グロービスは、そうした理想的な企業システムの実現に向けて、これからも飽くなき理想を追い続けていきます。

EPILOGUE

幸福経営の
実現に向けて

ここまでは、グロービスの経営について述べてきましたが、本書を終えるにあたり、このEPILOGUEだけは、筆者が個人的に大切にしている「幸福経営」に関する持論をお話ししたいと思います。よって、本章だけはグロービスの経営そのものというよりは、筆者個人としての想い・考えを記しています。

この「幸福経営」の考え方は、これからの経営において益々重要性を帯びてくることでしょう。是非、読者の皆様にも、未来の理想的な経営のあり方について、共に考えて頂く時間にして頂ければ幸いです。

SECTION 1

人生で追求すべき最上位の価値

●人生の目的と目標

突然ですが、「あなたの人生の目的は何でしょうか？」と訊かれたら、あなたは何と答えるでしょうか？　裕福な生活を送ることでしょうか？　それとも、何かを成し遂げることでしょうか？　それとも、歴史に名を残すことでしょうか？

きっと、色々な答えが返ってくることかと思います。それでは、更にそこで浮かんできた自分の答えに対して、次の問いを重ねてみてください。「その目的を掲げるのは、更に何のためでしょうか？」と。

この問いを何度か重ねていくと、最後には「幸せになるため」といった答えに辿り着くのではないでしょうか。なぜならば、最初に浮かび上がってきた人生の目的だと捉えたものが、裕福な生活を送ることであろうとも、何かを成し遂げることであろうとも、歴史に名を残すことであろうとも、いずれもそれを実現することによって、自分自身が幸福感を感じたいからだと思うためです。

だとするならば、人は「幸せになること」「幸福でいられること」こそが、人生で追求したい最上位の目的だと捉えているのではないかと思うわけです。つまり、人は幸せになるために生まれ、幸せになるために自分の人生を歩んでいるという言い方ができるでしょう。

一方で、少し質問の仕方を変えて、「あなたの人生の目標は何でしょうか？」と訊かれたら、あなたは何と答えるでしょうか？　私の経験上、このように人生の〝目標〟を訊いた場合には、先ほどの人生の〝目的〟を訊いた場合と異なり、より多様で具体的な答えが返ってきます。例えば、「億万長者になること」「豪邸を建てること」「素敵な奥さん／旦那さんと結婚すること」「地元に自分の銅像を建てること」「自分の会社を世界一にすること」「世界中を旅すること」「１００歳まで健康に生きること」など千差万別です。人生の目標は人それぞれですので、これには何か正解があるわけではありません。

ただ、この質問に対するこれらの回答結果を聞いて、私は違和感を覚えることがよくあります。それは、先に見た通り、人生の〝目的〟を問うた場合には、最上位の目的には「幸せ」「幸福」が出てくるのに対して、人生の〝目標〟を問うた時に出てくる答えが「幸せ」や「幸福」に直結するものというよりは、人生の「成功」と言った方が近いイメージのものが出てくることが多いことにあります。

本来、〝目標〟に掲げることとは、その上位にある〝目的〟に資するものである必要があります。それが〝目標〟を訊いた瞬間に、突如「幸福」から少し距離感のある「成功」にすり替わったような内容が出てくるのです。私には、日本においては「幸福」を日々感じられている人が少ない原因はここにあるのではないか？と感じられてならないのです。

●「成功」と「幸福」の違い

もしかしたら「『成功』の何が悪いの？」「『成功』したら、それが『幸せ』でしょ」と思われる方もいらっしゃるかもしれません。「人生の成功を掴む」という言葉があるくらいですから、そのように解釈することも無理はありません。ただ、人生の究極的な目的である「幸福」と、ここで出てきている「成功」とは、果たしてイコールなのでしょうか？

これを考えるにあたっては、「成功」とはどういったことを指すかを考えてみると良いでしょう。一般的に「成功」の最たるイメージは、莫大な財産を築いた状態、あるいは特定の地位を得た状態、もしくは名誉（ある賞）を獲得した状態などではないでしょうか？

確かにこうしたものに多くの人は憧れを持つものですし、得られるものならそれを得たいと思うものでしょう。ただ、私はここには大きな落とし穴が隠されていると思っています。それは何かというと、これら「財産」や「地位」や「名誉」といったものは、実は「幸福」という概念とは直接的に繋がるものではないからなのです。

より厳密に言うと、「財産」や「地位」や「名誉」といったものは、それを得られた瞬間はもちろん嬉しいものではありますが、あまり長続きはしない刹那的な喜びなのです。実際に、各種データにおいて、戦後、日本においては一人当たりGDPが上昇し続けた時代においても、生活満足度や幸福度は、そういった経済的豊かさとは比例せず、一向に上昇してこなかったことが表されているのです。

なぜ、このようなことが起きるのでしょうか。それは、財産・経済的豊かさ・地位・名誉といったものは一度手に入れると、その状態が当たり前になってしまい、更なる財産だったり、更に上の地位や名誉だったりを得ないと満足できなくなってしまうからなのです。どうしてそのような気持ちが湧き起こってくるかというと、これらは元々他者との相対比較の上に成り立つ類の喜びだからです。故に、自分よりも更に上の長者番付に名を連ねている人を目にしたり、自分よりも更に上の地位を築けている人を知ったりすると、過去に財産や地位を手に入れた時の喜びは一気にどこかへと消えてしまうのです。

そこにはもはや「幸福」で満ち足りた気持ちというものはなくなり、残るのはまだまだ自分に足りないものがあるという満たされない気持ちです。そして、そんないつまでも満たされない自分はやはり不幸であるという感覚に陥ってしまうのです。

つまり、ここから言えることは、「成功」と「幸福」というよく一括りで語られるこの2つの意味するところは全くイコールではないということを認識しておく必要があるのです。だとするならば、人生で追求すべき〝目標〟には、「成功」に資することを掲げるのではなく、「幸福」そのものをど真ん中に据えるべきではないかと、私は考えています。

●幸せであり続けること

そして、もう1つ付け加えておきたいことがあります。それは、人生の〝目標〟として「幸福」を据えた場合であっても、その表現方法は「幸せ〝になる〟のではなく、幸せ〝である〟」とした方が望ましいということです。これの意味するところは、「いつか幸せになる」という目標ではなく、「毎日、今この瞬間に幸せを感じる」ことを目標にした方が良いということです。

これには、2つの理由があります。1つ目の理由は、人生というのは、いつ終わりが来るのかは誰にも分かりません。そのいつ来るか来ないかも分からない幸せのために、今の不幸を耐え忍ぶのは余りに勿体ない人生の生き方だと思うからです。

もう1つの理由は、幸せというのは、ものの捉え方によって如何様《いかよう》にも感じられるものであり、実は身近なところに幸せは転がっているものであるからです。「足るを知る」という言葉があります。これは、足りないものに目を向けるのではなく、今既に自分にあるものに満足をする考え方です。この「足るを知る」という考え方に基づけば、既に自分は十分に満たされている・恵まれているという気持ちになることができるのです。

要は、人生の〝目標〟は「成功すること」でもなく、「幸せになること」でもなく、「常に幸せであり続けること」とするべきなのではないかということです。日々を幸せに生きられる人こそが本当の意味での人生の成功者だと思いませんか？　人生の終着点にはもしかしたら幸せがあるのではないか？と夢想して、その得られるかどうかも分からない不確かな目標のために今を耐え忍んで生きるのではなく、「今ここにある、生きていることの幸せ」をかみしめ続けている状態を手に入れることを目標に据えられる人が増えれば、もっと幸せを実感できる人が増えるものだと、私は信じています。

SECTION 2

社員の幸せを最大化する幸福経営

●働く時間を幸福にする発想への転換

ここまで、個人にとっての人生の向き合い方として「常に幸せであり続けること」の重要性に触れてきました。なぜ、私がこの経営に関する書籍で、個人の幸福について頁を割いたかと言いますと、私は「（人の営みである）経営とは、究極的には人の幸せを追求すべきだ」と考えているためです。

人は、人生において、起きている時間の約半分を、仕事をする時間に費やしています。私はそんなにも多くの時間を費やしている時間が、単に生活費を稼ぐための退屈な時間であっては良くないと考えています。ましてや、いつ来るか来ないかも分からない幸せのために今を耐え忍ぶような苦行のような時間であっても良くないと考えています。折角、人生の半分もの時間を働くことに投じるならば、その時間自体に幸せを感じられないことはあまりにも勿体ないことではないでしょうか。仮に、仕事以外のプライベートには幸せを感じられていたとしても、残り半分の人生である仕事の時間が不幸な時間になってしまっているとしたら、人生トータルでは、決して幸福だったと言えるものではないのではないでしょうか。

ここ20年程、日本ではワークライフ・バランス（以下、ＷＬＢ）という考え方が拡がりました。このＷＬＢの考え方によって、仕事ばかりを妄信的にやり続けるような猛烈サラリーマンの時代は終わり、働き方改革という潮流も起きたことで、私生活にも目を向けていくべく、仕事の生産性を高めて、人生のバランスをうまく取っていけるような時代になっています。これにより、男性の育児休暇の取得が進み、男女間格差の解消にも寄与し、女性が自己実現できる機会が増えました。これはとても素晴らしいことです。

一方で、私はＷＬＢだけでは、人生の本当の幸福には辿り着けないとも考えています。それは、ＷＬＢという言葉は、あくまでワークとライフのバランスをとることに主眼を置いているに過ぎないため、ＷＬＢをとったとしてもそれでも残る人生の半分近くのワークの時間自体を幸せな時間にしていく観点が欠如してしまうためです。働き方改革についても同様で、労働時間に制限をかけることで労働者の健康や人間らしい生活を担保することに寄与している側面がある一方で、「働くことこそが生きがいそのものである」と感じている人にとっては、自分の生きがいや幸福に対して制限をかけられた状態となっているのが実態です。

昨今では、ＷＬＢを発展させた考え方として、ワークライフ・インテグレーション（以下、ＷＬＩ）やワークライフ・フュージョン（以下、ＷＬＦ）といった考え方が出てきました。従来のＷＬＢが、仕事と私生活とを明確に分けて扱っていた（それらのバランスをとることに主眼を置いていた）のに対して、ＷＬＩやＷＬＦは仕事と私生活とを融合した一つの連続体としてみなす考え方です。

例えば、仕事をしながら同時に家事や子育てをしたり、友人や家族とのプライベートな交流・繋がりの中から仕事のアイデアを得たりする、といったような生き方のことを指します。こういった考え方は、コロナ禍前はあまり理解されにくい概念だったと思いますが、コロナ禍により自宅でテレワークを余儀なくされたことをきっかけに理解できる方が増えてきたのではないでしょうか。

これからは、こうした仕事と私生活をきっちりと分ける考え方ではなく、仕事をしているようでもあり趣味をしているようでもあるようなそんな生き方（働き方）が求められる時代になっていくのではないでしょうか。どんな制度や仕組みも完璧なものはないわけなので、今のＷＬＢや働き方改革が叫ばれている時代も次なる時代に向けた過渡期に過ぎないと考えてよいでしょう。

●今の時代にこそ向き合うべき幸福経営

人間、好きなことに打ち込んでいる姿というのは、誰もが輝いて見えるものです。好きなことに夢中になり、時間も忘れる程に没頭できることがあることは、その本人にとってとても幸せなことです。私は、仕事においても趣味をしているかのように好きなことに打ち込めて、良き仲間に囲まれて互いに切磋琢磨しながら、日に日にできることが拡がり、世界をより良く変えていくことで自分の営みが社会に還元されていく、そんな経営を実現することが理想だと考えています。こういった経営を実践できれば、個人も会社も社会もみな幸せな状態が実現できると思っています。

会社と個人の関係性に関して、過去の歴史上、働く個人に光が当たることはほとんどなく、会社組織においては、どちらかと言えば常に会社が優先され、個人のあり様は二の次として扱われてきたと感じています。これからは、そういった会社の陰で個人が犠牲になるような経営ではなく、働けば働く程、個人が生きがいを感じ、幸福感が満たされるような個人の幸福を中心に据えた経営をしていく必要があると考えています。こういった経営のあり方を、私は「幸福経営」と呼んでいます。

昨今は、ウェルビーイング経営という考え方が世の中一般にも理解され浸透しつつありますが、私は以前よりあった「健康経営」との対比で、精神的な幸福度こそがより重要である（健康であっても不幸な人もいますし、人生の最上位目的は幸福である）ことを強調したいがために、人生の究極的な目的であり目標にもすべき〝幸福〟を全面に打ち出した「幸福経営」という言葉をずっと使い続けてきています。

私はこの4～5年間、ずっとこの「幸福経営」を自分が向き合う中核テーマとして仕事をしてきました。世の中の一人でも多くの方に、幸せな人生を送って頂きたい、そのためには人生の（睡眠以外の）半分の時間を費やす働く時間を幸せな時間にして欲しい、その一心で「幸福経営」に向き合ってきました。グロービスは、経営のあり方や具体的な手法を教える会社であるため、まずはグロービス自体が最も「幸福経営」を実現できている状態を目指して取り組んできました。お陰様で、この考え方に共感してもらえる仲間も増え、日々の幸福感を大事にした同志に囲まれて仕事ができている実感があります。とは言え、まだまだ理想状態に到達したとは言えないため、同時に道半ばだとも感じています。

SECTION 3

幸福経営の実現

●幸福経営にて押さえるべき要素

私なりに幸福経営の実践を試みる中で、個々人に幸せを感じて頂くにあたり押さえるべき4つのメインファクターと、そこから派生して出てくる4つのサブファクター、それら8つを循環させるための不可欠なシークレットファクターの計9つの要素が浮かび上がったので、それを紹介します。

まず、個人の幸福に不可欠と考えるメインファクターは、次の4つです。

①自分らしさ
②人生の目的

③可能性への信頼
④周囲との繋がり

まず1つ目の「自分らしさ」は、素のままの本来の自分を活かす姿勢です。社会人になり、会社組織に入ると、どうしても与えられた役割を演じるために自分らしさというものを見失いがちになることがあります。本来の自分とは異なる自分を創り出して肩肘を張っている状態は一時的にはできたとしても、毎日持続させようと思うと、徐々に疲弊してしまうものです。人には皆、その人ならではの良さが元々あるわけですから、それを活かさない手はありません。そのためにも、周りに流されることなく、まずは「自分らしさ」についてしっかりと自己認識することが大切です。

「自分らしさ」の発見にあたっては、自分が大切にしている価値観を棚卸しする営みが有効です。昨今注目を浴びているリーダーシップスタイルにオーセンティック・リーダーシップと言われるものがあります。これは誰かの真似をするのではなく、自分の考えや価値観を活かすリーダーシップのことを指しますが、リーダーシップ論においても「自分らしさ」を大切にすることの重要性が謳われています。

2つ目は「人生の目的」です。これは正に、生きる意味そのもののことです。人生の目的を究極的に突き詰めると「幸せであり続けること」になるため、もう少し具体化した目標や志でも構いません。自分がその目的のためであれば、何を差し置いても頑張れると思えるような、それを目指してさえいれば生きがいを感じられるような目的・目標を見出すことができれば良いです。この「人生の目的」は、1つ目の「自分らしさ」を認識するために必要な価値観とも密接に繋がる可能性が高いので、自分の価値観を追求し続ける先に見えてくることもあると思います。

そして3つ目は、「可能性への信頼」です。私たちグロービスは「可能性を信じる」と言う言葉をよく使いますが、いかに自分の可能性に勝手に蓋をすることなく、「無限大の可能性を信じる」ことができるかが肝心です。そのためにも、周囲ができる関与としては、前向きな言葉をかけてあげることや、小さくてもよいので成功体験を積み重ねられるような業務アサインをしていくことです。そうしたことで、少しずつでも自己効力感を育んでいくことが有効です。

それから4つ目が、「周囲との繋がり」です。幸福に関する数々の研究で、他者との良好な繋がりを持つことの重要性が明らかにされています。人間は社会的動物であるが故に、人の生活の質は大きく社会的関係性によって形成されるのです。逆に言えば、孤独死というものがある通り、人間は孤独では生きていくことさえ困難な生き物です。よって、組織の中でもいかに周囲の人との良好な人間関係を沢山構築させられるかを経営として配慮していくことも必要なのです。

次に、この4つのメインファクターをそれぞれ掛け合わせて出てくる4つのサブファクターを見てみましょう。

①自分らしさ×可能性への信頼＝強みの認識
②人生の目的×可能性への信頼＝自己成長（能力開発）
③自分らしさ×周囲との繋がり＝自然体でいられるコミュニティ
④人生の目的×周囲との繋がり＝人生の目的を成就できるコミュニティ

1つ目のサブファクターは、「自分らしさ」と「可能性への信頼」を掛け合わせた際に出てくる「強みの認識」です。メインファクターにおける「自分らしさ」は、主に自分の〝価値観〟に焦点を当てたものですが、ここで言う強みとは、自分の可能性を信じ自己効力感を高めることを通じて、自分ならではの〝知見〟や〝能力〟、〝軸〟といった物事に向き合う上で「強み」となることを認識することです。

2つ目のサブファクターは、「人生の目的」と「可能性への信頼」を掛け合わせた際に出てくる「自己成長（能力開発）」です。人生の目的が大きければ大きい程、目標が高ければ高い程、今の自分のままでは太刀打ちできないことが出てくるものです。その時に自分の可能性を信じる気持ちがあれば、諦めることなく自己研鑽に励み続けることができます。人は自分の能力が高まり、これまでできなかったことができるようになったり、分からなかったことが分かるようになったりすることに大きな喜びや充実感を感じることができるものです。

3つ目のサブファクターは、「自分らしさ」と「周囲との繋がり」を掛け合わせた際に出てくる「自然体でいられるコミュニティ」です。これは、周りの人と良い関係性で繋がる中でも、自分が無理に相手に合わせて付き合える関係性ではなく、ありのままの素の自分でいながらも自然に良い関係性を築けるコミュニティがあることを表しています。それは自分ならではの〝居場所〟を感じられる居心地の良いコミュニティと言えるでしょう。人間、自分の〝居場所〟を沢山持っている人ほど、幸せを感じられるものです。

4つ目のサブファクターは、「人生の目的」と「周囲との繋がり」を掛け合わせた際に出てくる「人生の目的を成就できるコミュニティ」です。これは先ほどの「自然体でいられるコミュニティ」と違い、自分にとっての居心地の良さではなく、自分を人生の目的・目標に向けてストレッチさせてくれるコミュニティを指しています。要は、そのコミュニティに属していると刺激をもらえるとか、また次なる挑戦に向けて自分ももっと頑張ろうと思わせてくれるようなコミュニティです。こういったお互いに叱咤激励し、切磋琢磨するコミュニティをどれくらい持てるかも幸福度に関わってきます。

以上、4つのメインファクターと、そこから派生してくる4つのサブファクターをどれだけ満たせるかが人の幸福度に大きく影響してきます。ただ、これらの要素は、残念ながら自然に勝手に出来上がってくるものではありません。私の経験上、4つのメインファクターを見出すにあたっても、そこから更に4つのサブファクターを導き出すにあたっても、触れておかねばならない要素があると考えています。それは、私がシークレットファクターとして捉えている「内なる心の声」です。

「内なる心の声」というのは、〝頭〟で論理的に考えて出てくる声ではなく、率直に〝心〟が感じている声のことを指しています。実は、頭で考えていることと、心で感じていることとは、必ずしも一致しないものなのです。頭で考えると、どうしても論理的に整理をし始めるため、〝(論理的な)正しさ〟という枠から抜け出すことができません。論理で考えることの限界でもあり厄介な点は、その止しさを判断する基準や前提が、これまでに誰か（他人）がつくった常識に縛られ易いところにあります。

「確かにその前提に基づいて判断すると、それが正しいよね」とは言えるのですが、「その前提自体を自分に適用することが本当に良いことなのか？」という視点は抜けてしまいがちなのです。その結果、論理的には正しいと言える結論が、必ずしも自分にとっては望ましい（≒自分の幸福に繋がる）選択になるとは限らないのです。

私がこのことに気づけたエピソードを簡単に紹介します。私にはかつて、自分の人生に大きく影響するキャリア上の重要な決断を迫られた時がありました。それは大変

図表8●幸福経営にて押さえるべき9要素

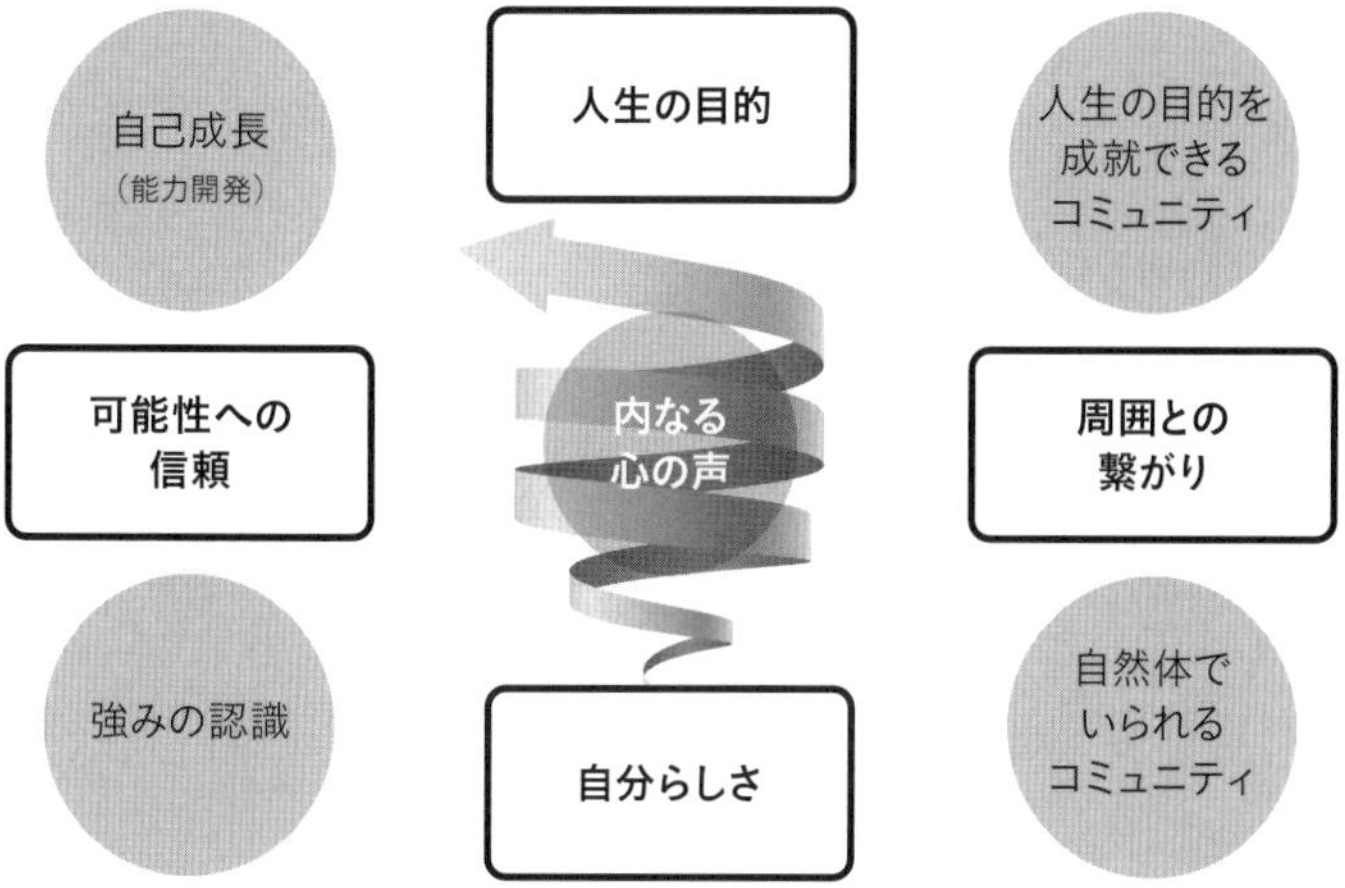

有難いことに、当時の自分の立場からは考えられない程に魅力的なポジションをオファーされたときでした。そのオファーを受諾すれば、報酬面においても、ポジション面においても、経験の幅という意味においても、いずれも良いこと尽くしで、これを断る手はないなと思えるものでした。

ただ、それだけ魅力的なオファーであったにも関わらず、なぜか二つ返事でそれを受諾できない自分がいたのです。それがなぜなのかは、当時の自分はうまく説明することができませんでした。ただ何となくの〝違和感〟を感じたことは確かだったのです。有難いことにその時は、即決しなければならない程に差し迫っていたわけではなかったため、じっくり考えるための時間的猶予を与えてもらえました。それで、私はそこから自分が感じた違和感の正体を時間をかけて探ることができました（そこから違和感の正体を突き止めるまでに私の場合は2か月間もかかってしまったのですが）。

その違和感の正体は、「自分の〝内なる心の声〟は、今回頂いたオファーとは全く異なることを叫んでいる」ということだったのです。要は、「報酬は高い方が望ましい」「ポジションは高い方が素晴らしい」「ビジネスパーソンとしてグローバルに活躍してこそ一流」といったことはすべて自分の頭が勝手に創り出していた認識であり、これらはいずれも自分の内なる心が発した声ではなかったことに気づけたのです。

振り返ってみると、自分が信じ込んで疑いをもっていなかったそれらの前提は、どこかで誰かからまことしやかに言われた言葉を自分が勝手に常識として捉えてしまっていた、言わば幻想に過ぎなかったのです。自分は、そうした一般論として言われているビジネスパーソン像ではなく、自分の内なる心の声として聞こえてきた生き方をしていこうと思えたのです。

その声とは、「自分がこれまでにお世話になった多くの恩人がいるこの日本において、誰もがワクワクする日々を送り、イキイキと生きがいをもって暮らせる、そんな幸福感に満ちた世の中にしたい」というものでした。それ以来、私は、自分の内なる心の声に真っすぐに向き合う決断を、自信をもって行うことができるようになりました。

このように、「人が頭で考えていることと、実際に心が感じていることとは、必ずしも一致していないものである」と私は考えています。皆さんの実感は、どうでしょうか？もし、完全に一致できているのであれば、それはとても素晴らしいことなので、そのまま一心不乱に我が道を突き進んでいかれると良いと思います。

一方で、頭で考えていることと心が感じていることとの間に何かしらの乖離を感じる場合には、是非その違和感の正体を暴くべく、自分の内なる心の声を聴いてあげてください。ただ、頭と心を同時に働かせていると、どうしても頭で考えていることが優ってしまい、内なる心の声は聴こえにくくなってしまうものです。よって、なかなか自分の内なる心の声が聴こえてこない方は、一時的にでも頭で考えることを止める必要があります。

そのための方法は色々考えられると思いますが、例えば、日常の喧騒から離れ、静かに自分の心に正対することだけに集中できる環境に身を置くことが良いでしょう。自分の内なる心の声を聴けた際には、きっと何とも言えない清々しい気持ちが込み上げてくることと思います。

●幸福経営を目指す皆様へ

私は、自らを幸せにできる人にしか、人を幸せにすることはできないと考えています。なぜならば、すべてをコントロールできるはずの自分自身を幸せにする術を見出すことができない中で、人様を幸せにするという、より難易度の高いことを実現できるはずがないからです。よって、自分の身の回りにいる方々に幸せになって頂く経営を志すのであれば、まずは自分自身が「最高に幸せだ！」と胸を張って言い切れる状態を創りあげることが不可欠です。

もしも、私の言う「幸福経営」の考え方に共感を抱いて下さる方がいらっしゃるのであれば、その方々にお伝えしたいことがあります。それは、「是非とも自らが幸福感溢れる人生を生きる体現者になって頂き、自分の中から溢れてくる自身の体験に基づく力強い言葉で幸福経営を牽引していって欲しい」ということです。

　経営の世界では、その時々のトレンドとなるキーワードが生まれてきます。昨今であれば、「○○経営」と呼ばれているものだけでも、パーパス経営、両利きの経営、ＳＤＧｓ経営、人的資本経営、ウェルビーイング経営等があります。他にも、もう少し機能戦略に絞った領域では、ＤＸやジョブ型人事といったキーワードもよく耳にします。いずれもそれを必要とする時代の流れを受けて登場してきた考え方なので、それらを取り込み、経営を進化させようという動きは基本的に良いことだと思います。

　しかし、僭越ながら、多くの企業の動きを見ていて心配になることがある、ということも併せてお伝えしておく必要があると感じています。それは、何かと新しいキーワードが出てくると、すぐにその言葉に飛びついて、聞き知ったばかりの言葉を表面的な理解のままに自社に取り入れようとする動きが至るところで起こっていることです。

　経営とは、様々な要素が絡み合って出来上がるアートのようなものであるが故に、非常に奥深く、多くのステークホルダーに様々な影響を与える責任の重い営みです。そんな深遠な経営に、何となく表面的にしか理解できていないような概念や借り物の言葉としてしか語れないような概念を、小手先で取り入れると却って火傷をしてしまうことでしょう。

本章で触れた「幸福経営」については、近しい概念として存在している「ウェルビーイング経営」として取り入れて頂いても、全く違う自分なりの言葉に置き換えて頂いても良いと思います。ただし、最も大事なことは、自らの体験に基づく深い実感値と信念に基づいて語れる内容を、自分の言葉で語り実践して頂くことです。

人は借り物の言葉に心を動かされることはありません。「経営とは、人を通して事を成すこと」と言われる通り、経営における成果は、どのくらいの人の心を動かし、その方々が持っている能力・智恵・志を最大限に発揮して頂けるかにかかっているのです。であるならば、経営者たる者、そしてこれから経営を志す者は、経営におけるトレンドワードや表層的な概念に踊らされるのではなく、自分の体験を通じて確信する信念や経営哲学に基づいて経営を行っていく必要があるでしょう。

生成ＡＩを始めとして、飛躍的な技術の進歩により世界が大きく変わろうとしている今だからこそ、私は、これからの時代はより一層、人間回帰の時代に入っていくものと考えています。どこまで技術が発展していっても、私たち人間が根差すべきは「すべては人に始まり、人に終わる」という根本理解ではないでしょうか。読者の皆様が、社員を幸せにし、お客様を幸せにし、社会を幸せにする、そんな幸福の連鎖が続く経営を成されることを心より願っています。

●あとがき

　私は、かつて世界最大のコンサルティングファームに所属していた時代にコンサルタントとして携わらせて頂いた大企業、次に私が身を寄せたスタートアップのベンチャー企業、現在グロービスで人材育成・組織開発の支援をさせて頂いているお客様企業、というように沢山の企業に関わらせて頂いてきました。有難いことに、組織の規模も業界も多様な会社組織を見てきましたが、見れば見る程にグロービスという会社のユニークさが際立っていくように感じました。

　最近では、グロービスが大切にしている「自由と自己責任」という考え方を取り入れ伸長している企業もありますし、施策レベルにおいても「１ｏｎ１」や「３６０度評価」、「クオリティ・ギャランティ制度」などを導入する企業も出てきています。こういった昨今注目を浴びている企業システムを１９９０年代から先進性高く取り入れていたグロービスの経営を、きちんと体系的に社会に発信することは、私たち経営教育を提供するものとしての使命ではないかと考えたことが、私が本書を執筆することにした背景になります。

経営教育というグロービスが提供しているサービスは、私が最初のキャリアとして選択した、いわゆる経営コンサルティングと比較すると、企業の経営にインパクトを与えるに至るまでにはそれなりに時間を要するアプローチです。しかしながら、経営コンサルティングと経営教育の両方の提供に携わったことのある私に言わせれば、「人・組織を本質から変えることができるのは、あくまで経営教育である」と確信をもって述べることができます。

企業は、どんなに外部から知恵をもらい、優れた戦略、優れた業務オペレーション、優れたシステムを導入したところで、それを機能せしめる人が変わらなければ、結局は本質的な変化を起こすことはできないのです。私は、社会人の初期の頃にこの厳然たる事実を目の当たりにすることができたことは幸いでした。この経験があったからこそ、今は、経営における核心とも言える最も本質的な肝に直接アプローチする仕事ができているという喜びを感じられています。

私がモットーにしているのは「すべては人に始まり、人に終わる」という言葉です。世の中の様々な社会活動・企業活動によって生まれる商品、サービス、インフラといったものは、すべて人が創り出しています。また、それらは何のために精魂込めて創られているかというと、世の人々・私たち人類を幸せにするために創られています。つまり、私には「すべては人に始まり、人に終わる」という一言に人間社会の真理が凝縮されているように感じるのです。すべてのことは人が生み出し、その価値は巡り巡って最終的に人に還元されていくということです。そうであるならば、「自分の限りある人生の時間を何に投じることが最も世の中を良くすることに繋がるのか？」ということを考え、辿り着いた結論が、私の場合は社会人向けの経営教育だったのです。

各事業会社が、外部環境が変わり、戦略や組織を練り直す度に、他社に依存しないと新しいものを創造したり、既存のものを変革したりできない状態から抜け出し、自立的に社会の創造と変革を導くことができるようになることを願っています。そうなれば、世の中は今よりも自然により良い方向へと好転していくはずです。

グロービスは、〝経営〟自体を事業ドメインの中心に据えた、日本一の経営大学院と企業研修事業を持ち、日本一のベンチャーキャピタル事業を持つ、世界的に見ても類似企業がない稀有な経営を行っている組織体です。本書では、その秘訣が少しでも伝わるように、私なりに言葉を尽くしてみましたが、お楽しみ頂けたでしょうか？　是非、個別にでもご感想をお伝え頂くことができれば有難い限りです。

本書に記載したグロービスの経営も最初からすべてが出来上がっていたわけではなく、試行錯誤の末に今の形に辿り着いています。例えば、採用においては、『「Valueの共有」の原則』について紹介しましたが、グロービスも一時期は即戦力性を重視すべくスキル重視の採用を行った時代がありました。その時の反省を踏まえて、今のＨＲポリシーに結実しています。よって、これからも、グロービス自体は、経営を教える会社に相応しく、日本一に留まらない世界一の経営ができるように変化を厭わず精進して参ります。

最後に、本書は多くの方のご協力なくしては書き上げることができなかった書籍ですので、ここにお世話になった方々への感謝の意を表したいと思います。

まず、本書の企画段階からお世話になりました同僚の嶋田毅さん、あなたのこれまでの数々の書籍執筆・出版経験に基づく的確なアドバイスが無ければ、本書を形にすることはできなかったと思います。内容に関しても壁打ち相手になって頂きまして、ありがとうございました。

続いて、東洋経済新報社の齋藤宏軌さん、初めて単著執筆に向き合う私に対して、非常に丁寧にご指導頂けましたことに感謝申し上げます。これまでのグロービスが執筆した書籍内容も踏まえたご助言を頂きました。誠にありがとうございました。

そして、グロービス代表の堀義人さん、あなたが創業し経営されているグロービスの経営に関する書籍を私が書くことに多少の躊躇《ためら》いがあった中、背中を押して頂きまして、ありがとうございました。また、多忙の中でも、本書の原稿に目を通し、フィードバック頂けましたことも感謝申し上げます。

それから、本書の主テーマである「理想的な企業システム」を日々ともに創り上げる努力をしてくれているグロービスの経営管理本部の皆さん、そしてグロービス・スタッフの皆さん、いつも本当にありがとうございます。一人ひとりのお名前を挙げることができず申し訳ありませんが、皆さんの日々の努力があってこそ、本書に書かれている「理想的な企業システム」を創造・維持できています。本書に関しても、過去の情報の収集や事実確認において、助けて頂きました。これからも共に理想を追求する姿勢を持ち続け、更なる高みを目指し続けていきましょう。

そして最後に、この半年間、私のすべての余暇の時間を本書の執筆に費やすことを認め、見守ってくれた妻の裕子と3人の娘達にも感謝の意を伝えたいと思います。皆の我慢のお陰で、ようやく本書を世に出すことができました。本当にありがとう。これからは身近な家族の幸せのために、もっと尽力していきます。

本書を手に取って下さったすべての皆様、誠にありがとうございました。世の中のあらゆる組織の経営が理想を目指し、働く一人ひとりが幸福を実感できるようになることを心より願っております。

内田　圭亮

2023年9月

【著者紹介】

グロービス

1992年の設立以来、「経営に関する『ヒト』『カネ』『チエ』の生態系を創り、社会の創造と変革を行う」ことをビジョンに掲げ、各種事業を展開している。

グロービスには以下の事業がある。

●学校法人 グロービス経営大学院
・日本語（東京、大阪、名古屋、仙台、福岡、オンライン）
・英語（東京、オンライン）
●グロービス・エグゼクティブ・スクール
●グロービス・マネジメント・スクール
●企業内研修／法人向け人材育成サービス（日本、中国、シンガポール、タイ、米国）
●出版／電子出版
●GLOBIS 知見録／GLOBIS Insights（オウンドメディア）
●GLOBIS 学び放題／GLOBIS Unlimited（定額制動画学習サービス）
●グロービス・キャピタル・パートナーズ（ベンチャーキャピタル事業）

その他の事業
●一般社団法人 G1（カンファレンス運営）
●一般財団法人 KIBOW（インパクト投資、被災地支援）
●株式会社茨城ロボッツ・スポーツエンターテインメント（プロバスケットボールチーム運営）

【執筆者紹介】

内田 圭亮

グロービス経営大学院教授
グロービス・コーポレート・エデュケーション　マネジング・ディレクター
顧彼思（上海）企業管理諮詢有限公司　董事

慶應義塾大学法学部法律学科卒業、グロービス経営大学院経営研究科経営専攻修了。アクセンチュア株式会社にて経営コンサルティングに従事した後、株式会社出前館の上場に寄与。その後、グロービスにて、法人向け人材育成・組織開発のコンサルティング、経営管理本部長を経て、現在はコーポレート・エデュケーション部門マネジング・ディレクター兼中国法人の董事を務める。共著に『グロービスMBAマネジメント・ブックII』（ダイヤモンド社）がある。

経営を教える会社の経営

理想的な企業システムの実現

2023年11月21日発行

著　者――グロービス

執筆者――内田圭亮

発行者――田北浩章

発行所――東洋経済新報社

〒103-8345　東京都中央区日本橋本石町 1-2-1

電話＝東洋経済コールセンター　03(6386)1040

https://toyokeizai.net/

カバーデザイン……竹内雄二

本文レイアウト……村上顕一

印　刷…………ベクトル印刷

製　本…………ナショナル製本

編集担当………齋藤宏軌

Printed in Japan　　ISBN 978-4-492-50346-1